JOÃO KEPLER

SMART MONEY

A ARTE DE ATRAIR INVESTIDORES E
DINHEIRO INTELIGENTE PARA SEU NEGÓCIO

Diretora
Rosely Boschini

Gerente Editorial
Rosângela Barbosa

Assistente Editorial
Audrya de Oliveira

Analista de Produção Editorial
Karina Groschitz

Controle de Produção
Fábio Esteves

Preparação
Carla Fortino

Projeto gráfico e Diagramação
Vanessa Lima

Revisão
Vero Verbo Serviços Editoriais

Capa
Sergio Rossi

Impressão
Bartira

Copyright © 2018 by João Kepler
Todos os direitos desta edição são reservados à Editora Gente.
Rua Natingui, 379 – Vila Madalena
São Paulo, SP – CEP 05443-000
Telefone: (11) 3670-2500
Site: www.editoragente.com.br
E-mail: gente@editoragente.com.br

Dados Internacionais de Catálogo na Publicação (CIP)
Angélica Ilacqua CRB-8/7057

Kepler, João
   Smart money: a arte de atrair investidores e dinheiro inteligente para seu negócio / João Kepler. - São Paulo: Editora Gente, 2018.
   192 p.

ISBN 978-85-452-0282-0

1. Negócios 2. Sucesso nos negócios 3. Empreendedorismo 4. Administração de empresas 5. Investimentos I. Título

18-1591   CDD 650.1

Índice para catálogo sistemático:
1. Sucesso nos negócios

DEDICATÓRIA

AS PERGUNTAS que sempre me fazem em relação aos meus investimentos são: "Qual foi o seu melhor investimento até hoje?" "Qual a sua melhor startup?". Bem, é difícil escolher uma empresa ou uma startup entre tantas. Hoje, são mais de 350 investimentos, eu estaria sendo até injusto escolhendo um entre as centenas de grandes empreendedores que já passaram pelo meu caminho e que conquistaram a minha admiração. Entretanto, existe uma que é a mais valiosa de todas e a que requer minha maior atenção e cuidado até hoje: meus filhos! Certamente eles são o melhor empreendimento da minha vida. A eles, Theo, Davi, Maria e a minha esposa desde sempre, Cristiana, eu dedico, com muito amor, este livro.

Todos nós sabemos que os investidores em startups estão por toda parte, espalhados por aí fazendo com que o ecossistema empreendedor funcione e cresça gradativamente em todo o país.

Parte de um sonho antigo particular meu é fazer com que esses "anjos", que são verdadeiros guerreiros do dia a dia, sejam vistos, reconhecidos e de certa forma até mesmo acompanhados. Isso porque acredito que o bem mais valioso deste século é o compartilhamento de ideias, produtos e serviços, e, afinal, não existe maneira melhor de crescer e desenvolver do que através da troca de conteúdo relevante e de informações que realmente façam a diferença na vida das pessoas.

Gostaria de dedicar este livro aos investidores-anjo que ao longo dos anos compartilharam comigo suas jornadas, seus aprendizados e suas decisões de investimento. Sabemos a importância do nosso papel no ecossistema e que, apesar dos desafios e dos riscos, as vitórias e as conquistas serão gratificantes no médio e longo prazo.

Seguem, em ordem alfabética, os nomes de apenas alguns dos principais investidores brasileiros que dedicam tempo e recursos em startups. Aqui não estão todos. São muito mais pessoas que investem de alguma forma em negócios inovadores, mas vou procurar deixar a lista sempre atualizada neste link: <www.joaokepler.com.br/investidores>.

Adrien Bayle
Alcides Troller
Alexander Ferreira
Alexandra Py Santos
Alexandre Arruda
Alexandre Melo
Alexandre Ouriques de Castro
Alfredo Ribeiro Oliveira Teles
Allan Costa
Aloysio José da Fonseca Junqueira
Amadeu J. Lois
Amure Pinho
Ana Wey
Anderson Godzikowski
Anderson Thees
András Mukics Mesics
André de Escobar
Andre Ghignatti
André Luis Romi
André Martins
André Mello

André Oura
Aos Cunha de Moraes Júnior
Arthur Brennand
Arthur Garutti
Arthur Igreja
Artur Negrão
Artur Regen
Beatriz Nunes
Benicio José de Oliveira Filho
Bernardo M. Bordallo Rangel
Bernardo Quintão
Bernardo Zamijovsky
Bob Wolheim
Bruno Braga
Brunno Cavalcante
Bruno Brito
Bruno Dequech Ceschin
Bruno Martins Ferreira
Bruno Loreto
Bruno Miscow Pauletti
Bruno Paludo

Bruno Rondani
Bruno Vilarins
Caio Camargo
Caito Maia
Camila Farani
Camilo Telles
Carlos Alexandre Leite Nascimento
Carlos Apolinário
Carlos Augusto Ferras
Carlos Ballarati
Carlos Eduardo Gonçalves Bretos
Carlos Elache
Carlos Fujita
Carlos Kokron (CK)
Carlos Mello
Carlos Miranda
Carlos Pessoa Filho
Carlos Santana
Carlos Souza
Carlos Wizard
Carlos Zago

DEDICATÓRIA

Cássio Spina
Célio Fabiano
Cesar Ricardo Bertini
Christian Dias
Christian Dunce
Christian Guarisse Neugebauer
Christian Pensa
Cidinaldo Boschini
Claude Rici
Claude Salmona Ricci
Claudia Alves
Claudia Rosa Lopes
Claudia Soares
Claudio Kawasaki
Claudio Motta
Clayton Gonçalves de Figueiredo
Conrado Chiaradia Navarro
Conrado Navarro
Cristiano Malucelli
Cristina Villela
Daniel Coifman Bergman
Daniel Freira
Daniel Ibri
Daniel Izzo
Daniel Malandrin
Daniel Morishita Maturnoto
Danilo Herculano Andrade da Silva
Denis Cavale
Derek Lundgren Bittar
Diego Perez
Diego Pires
Dinho Elache

Dongley Picanzo Martins
Dorival Dourado Júnior
Edson de Araujo Gomes
Edson Fonseca
Edson Rigonatti
Eduardo Barboza Gurtler
Eduardo Campos
Eduardo Dominicale
Eduardo Glitz
Eduardo Grytz
Eduardo Lo Fuego
Eduardo M. Smith
Eduardo Mace
Eduardo Paoliello
Eduardo Smith
Elizabeth Hinden D'Elia
Eric Acher
Eric Lieb
Eric Reis
Evandro Lobo
Fabiane Oliveira
Fabio Augusto Koreeda
Fabio Dutra
Fabio Iunis de Paula
Fábio Koreeda
Fábio Póvoa
Fabio Silva
Fabio Veras
Fabíola Meire
Fabrice Grinda
Fabricio Saab Pereira
Federico Tagliani

Felipe Guth
Felipe Matos
Felipe Moraes
Felipe Novak
Fernando Cembranelli
Fernando Fraga
Fernando Gemi
Fernando Godoy
Fernando Mattoso Lemos
Fernando Moura
Fernando Peixoto
Fernando Seabra
Fernando Volpato
Flavio Augusto da Silva
Flávio Camilo
Fran Abreu
Francisco Guerra Belmonte Abreu
Francisco Jardim
Francisco Millarch
Franco Pontillo
Fred Alecrim
Freddy Baruch
Frederico Miotti Wiesel
Frederico Pompeu
Gabriel Borges
Gabriel Sant'Ana Palma Santos
Gabriel Sidi
Gabriel Borges
Geraldo Santos
Giancarlo Berry
Gilmar Francisco Pertile
Giovani Benedetti Penha

Guga Stocco
Guilherme Cervieri
Guilherme Elache Gusi
Guilherme Horn
Guilherme Machado
Guilherme Martins
Guilherme Pacheco
Guilherme Vieira Neves
Gustavo Albuquerque
Gustavo Di Risio
Gustavo Gierun
Gustavo Molina
Gustavo Raposo
Gustavo Vieira Tacla
Gustavo Vilela de Almeida
Haim Mesel
Hassan Belkbir
Hércules Lima
Humberto Matsuda
Ibrahim Jacob Facuri Filho
Igor Ary Juaçaba
Ingo Schmidt
Italo Lima Nogueira
Jader Santana
Jefferson Mamose
João Brito Martins
João Gabriel Santos
João Kennedy Braga
João Pedro Solano
João Ventura
Jorge Augusto V. Machado
Jorge Marques de Azevedo Neto
José Almir de Sá Jr.
Jose Antonio Scodiero
José Guiotti
José Roberto Schettino
Juarez Zortea
Juliana Alves
Julio Marques
Leandro Kenski
Leandro Lacerda
Lélio Souza
Leonardo Deeke Boguszewski
Leonardo Mussi
Leonardo Ribeiro
Leonardo Shan
Leonardo Teixeira
Leopoldo Lima
Lessandro Hebert Zacaron Gomes
Luigi Barricelli
Luis Carlos Alcubierre Gonzalez
Luiz Sakuda
Magnus Arantes
Maiza da Silva Costa
Manoel Lemos
Marcel Vitor Santos
Marcella Santos
Marcello Gonçalves
Marcelo Amorim
Marcelo Araújo
Marcelo Ferrari Wolowski
Marcelo Nakagawa
Marcia Beatriz Cavalcante
Márcio Alaor de Araújo
Marco Aurélio Garcia Bousas
Marco Del Biosi
Marco Poli
Marcos Botelho
Marcos Couto
Marcos Dassie
Marcos Henrique
Marcos Maramaldo
Marcos Nascimento
Marcos Sêmola
Maria Rita Spina Bueno
Maria Tereza
Mariana Foresti
Mario Letelier
Mário Pinheiro
Martiniano Cunha Lopes
Mateus Facchin
Matheus Stadler Gois
Mauricio Meger
Mauricio Toti
Maurizio Calcopietro
Mauro Negrete
Melicio Machado
Michel Costa
Michel Nicklas
Mike Ajnsztajn
Moacy Veiga
Moises Herszenhorn
Mônica Saccarelli
Mozart Marin
Natan Sztamfater
Nima Kas

DEDICATÓRIA

Nima Kazerooni
Nuno Abreu
Osvaldo Barbosa de Oliveira
Osvaldo Oliveira
Osvaldo Rissetti
Oswaldo Fernandes
Patrick Arippol
Patrick da Silva Pires
Paula Rechtman
Paulo Alberto Crestani
Paulo Beck
Paulo Bernardo
Paulo Henrique V. Machado
Paulo Humberg
Paulo Marioto
Pedro Englert
Pedro Maffei
Pedro Melzer
Pedro Oliveira
Pedro Paulo A. C. da Cunha
Pedro Somma
Pedro Sorrentino
Pedro Toledo França
Pedro Waengertner
Pierre Schurmann
Pompeo Scola
Priscila Drebes Filimbert
Pyr Marcondes
Rafael Barbosa
Rafael Bassani
Rafael Clemente
Rafael Martins de Castro

Rafael Moscardi
Rafael Pinto
Rafael Serbaro
Rafael Thomé Gasparin
Rafael Umann
Rafael Younis Marques
Rafaello Sapia Pedalino
Raphael Klein
Raphael Mielle
Raquel Silberberg Kryss
Raul Candeloro
Ravi Gama
Reinaldo Rabelo
Renan Macarrão
Renata Carvalho Amaral
Renato Simon
Renato Toi
Ricardo Amorim
Ricardo Asse
Ricardo Braga
Ricardo Clemente
Ricardo da Costa de Moraes Filho
Ricardo Ferreira Nantes
Ricardo Annes Guimarães
Ricardo Kanitz
Ricardo Monteiro
Ricardo Moraes
Ricardo Moraes Filho
Richard Zeiger
Rinaldo Rocha Alves
Robert Dannenberg
Robert Son Rossato

Roberto Dagnoni
Robinson Shiba
Roberto Shinyashiki
Robson Del Fiol
Rodolfo Santos
Rodrigo Baer
Rodrigo Borges
Rodrigo Carneiro
Rodrigo Esteves
Rodrigo Fiszman
Rodrigo Geiser
Rodrigo Madeira
Rodrigo Quinalha
Rodrigo Schiavini
Romero Rodrigues
Ronaldo Ribeiro
Roni Mauer
Roni Shigueta
Rosana Jamal Fernandes
Ryve Nogueira
Samuel Facchin
Sandro Cortezia
Sandro Magaldi
Semi Kim
Sérgio Goldman
Sergio Henrique Pacheco
Sérgio Molina
Sergio Papini
Sidnei Gonçalves
Siegberto Rodolfo Schenck Júnior
Stefano Carnevalli
Steffen Eberle

Sung Lim
Suzane Machado
Theo Peixoto Braga
Thiago Concer
Thiago da Silva Castro
Thiago de Vasconcelos Monteiro
Thiago Lobão
Thiago Malpetti
Thiago Matsumoto
Thiago Oliveira

Thiago Sampaio
Thiago Sodré
Thiago Yokoyama Matsumoto
Thomas Bitaar
Thomas Bittar
Thomas Buck
Valdinei Pimenta
Vera Bianchi
Vinicius Andrade
Vinicius Donin

Vinicius Morandi
Vinicius Puhl Godinho
Wandenberg Pitaluga Filho
William Kern
Yara Cury
Yves Nogueira

PREFÁCIO

CAPTAR e conseguir dinheiro para investir em um negócio é sempre uma dificuldade, um dilema, e requer muita atenção e preparação. A boa notícia é que não existem apenas as instituições financeiras tradicionais, como bancos e financeiras, para essa finalidade. Hoje em dia, podemos contar com os investidores de risco, os chamados investidores-anjo e venture capitalist, que ajudam com muito mais que apenas dinheiro; apoiam com know-how, networking e expertise. E o melhor: esse dinheiro não é em formato de empréstimos; eles não cobram juros por isso.

Dessa forma, este livro e os ensinamentos do João Kepler — que é premiado por anos consecutivos como melhor investidor-anjo do Brasil pelo Startup Awards, com mais de dez anos investindo em startups — vão apresentar a você de forma simples e sem "tecnês" as melhores práticas de mercado com base em experiências reais e como se preparar para conquistar investidores e estruturar uma empresa para conseguir dinheiro para seu negócio. Além disso, o leitor vai entender se precisa ou não de investimento, pois, como ele mesmo explica neste livro, o melhor dinheiro ainda é o do cliente e o das vendas.

Apesar de todo esse cenário catastrófico em que o Brasil foi inserido, a recuperação do país poderá ser mais rápida do que se poderia esperar. Um dos fatores que acredito hoje para isso é que o empreendedorismo seja essa mola propulsora, uma importante alternativa para o tão esperado desenvolvimento econômico, mesmo com toda a burocracia, os desafios, os entraves regulatórios, os lobbies das grandes empresas e a pesada máquina pública. Por isso, é essencial ajudar essas empresas iniciantes na base, no chamado *early stage*. Precisamos apoiar esses empreendedores para que possam criar novos negócios, gerar mais trabalho e a renda de que o Brasil tanto precisa. É com isso que João Kepler e vários outros investidores-anjo vêm contribuindo ao longo desses anos.

Smart money é um livro para EMPREENDEDORES e EMPRESÁRIOS que mostra a visão do INVESTIDOR (principalmente na perspectiva do investidor-anjo) na escolha do projeto, na análise e na decisão para investimento, relata casos reais e entrega na prática conteúdo aplicável, ensinando como o empreendedor deve se preparar para buscar, ATRAIR e receber investimento para seu negócio na fase *early stage*.

João apresenta o complexo tema INVESTIMENTO de forma clara, simples e acessível até para quem não entende nada do mundo da inovação e de start-ups. Com bom senso, dicas, informações valiosas e análises, este livro vai ajudar muitas empresas a captarem recursos e a sobreviverem no período mais difícil que é o "Vale da Morte".

É uma honra ter assinado o prefácio deste livro que trata de um tema que desperta tanta curiosidade, requer atenção e pode ajudar muitos empreendedores no Brasil. Aliás, no meu programa #*AAA*, que debate disrupção, carreira e economia transformadora, o tema "inovação, startups e investimentos" é um dos mais assistidos, sempre despertando grande interesse do público.

Boa leitura! E espero que possa pôr em prática todos os aprendizados e as inspirações que receberá nas próximas páginas.

RICARDO AMORIM é economista, apresentador de televisão, palestrante, colunista da revista *IstoÉ* e autor do livro *Depois da tempestade* (editora Prata). Também é Top Voices do LinkedIn e um dos mais admirados pensadores de Economia, Negócios e Finanças da atualidade.

SUMÁRIO

INTRODUÇÃO 14

1. A JORNADA DE UMA STARTUP 18
    A jornada da startup no *early stage* 19
    Por que as startups falham? 22
    Modelo de Negócio e *Product Market Fit* 26
    O que é smart money e qual sua importância? 31

2. FUNDADORES DE IMPACTO E ALTA PERFORMANCE 32
    Não convença, encante 33
    Os anjos estão por toda parte, como conseguir um? 34
    Quando os investidores-anjo dizem amém!? 39
    Os tipos de investidor-anjo e as diferenças entre eles 40

3. COMO CONSEGUIR CAPTAÇÃO 44
    O que o investidor pergunta para o empreendedor? 46
    Sua startup precisa de dinheiro? 47
    Os primeiros passos 49
    Os principais passos para a obtenção de investimento 50
    Como conseguir dinheiro para validar e operar? 53
    Por que você ainda não conseguiu captação? 58
    Sua startup é inovadora? Quem disse? 60
    Ideias são só ideias 60

Cap table e diluição 61
A nova fase do crowdfunding 63
Fundos de investimento 68
Corporate venture – um novo tipo de parceria...................................... 69
Aceleradoras no Brasil..72

4. ASPECTOS JURÍDICOS E LEGAIS DO INVESTIMENTO-ANJO 74

Investimento-anjo: nova lei, mais proteção (talvez), muitas dúvidas e vários reflexos.. 75
Como calcular o valuation e a participação do investidor?....................76
Quais são os documentos que devo assinar? 82
O que é uma due diligence?... 84
Termos utilizados nos contratos em uma negociação de investimento........ 95
Meu mútuo conversível venceu, e agora? 97

5. MÉTRICAS E KPIs 100

Fuja das métricas de "vaidade" 101
Métricas fundamentais para startups no early stage 103
Apresentando métricas para o investidor 109
Fundadores visionários abraçam a transparência................................110
O que é burn rate? Importe-se com ele!...110
Como construir uma Demonstração do Resultado do Exercício (DRE)......112
Qual problema você resolve? 114
Só o pitch deck não vende seu negócio!... 116
Como montar um pitch deck para impressionar! 117
Tração.. 120

6. ENTENDENDO AS ETAPAS E COMO FUNCIONA O INVESTIMENTO 122

Seu burn rate hoje diz muito sobre você e sua startup amanhã................ 123
O que é uma micro venture capital? 124

Quais são as *venture capital* no Brasil? 126

7. EMPREENDEDORISMO 130
Empreendedorismo como estilo de vida 131
Empreendedor, comece a pensar no longo prazo 132
Vinte e seis constatações e revelações sobre o empreendedorismo 134
Vinte frases que os empreendedores não deveriam
falar para os investidores! 138
Abordagem 141

8. NICHO E CASOS REAIS 142
A questão não é quanto o empreendedor ganha,
mas sim quanto ele gasta 143
Como um mentor pode ajudar em seu negócio? 145
Quando o dinheiro encontra o talento 147
Avanço do *mindset* empreendedor 148
Depoimentos de empreendedores de startups sobre a jornada
e sobre como conseguiram investimento 148

9. REINVENTAR PARA SOBREVIVER 156
Olhos de lince: é preciso enxergar o que ninguém vê! 157
Teoria da seletividade no mundo empresarial 159
A necessidade de reinventar 161
Pensar andando e praticar aprendendo 164
Como prever o futuro no mundo dos negócios? 165

10. COMO MONTAR UM NEGÓCIO BILIONÁRIO? 168
Como construir um unicórnio? 169
Empreender: o sonho 181

CONCLUSÃO: Persistência, resiliência,
antifrágil e desistência 186

INTRODUÇÃO

PODE parecer estranho o que vou afirmar logo de cara, uma vez que há mais de dez anos sou investidor em startups: é o empreendedor quem deve escolher seu investidor, e não somente o contrário.

Mas como, João? A maior reclamação de empreendedores é que não encontram investidores, argumentando que não existem em número suficiente e que eles não respondem ou não aparecem para investir nas startups. Sim, esse é um ponto importante, mas só vale para quem não sabe como escolher ou buscar investimento.

Acredite, quando o empreendedor e o negócio são bons mesmo (os "moscas-brancas" ou os futuros unicórnios), não precisam sair por aí deixando mensagens genéricas inbox e abordando investidores de todas as formas, alardeando aos quatro ventos: "Preciso de dinheiro". E sabe por quê? Porque é o dinheiro que procura pelo empreendedor.

Como? Basta que esse empreendedor seja assertivo, tenha as conexões e as indicações certas, cresça e apareça. Aí o jogo vira: não é o investidor que deseja investir em determinada startup, e sim a startup que deseja o dinheiro daquele determinado investidor. Esse é o caminho ideal!

É claro que o investidor também tem de escolher e decidir, mas existe uma grande confusão e posicionamentos equivocados sobre esse aspecto no mercado. O principal problema para investidores não é conseguir dinheiro para investir, mas decidir onde, como e quando investir. Se o *match* for feito e o interesse despertado, será muito mais fácil resolver essas dúvidas e dar os passos seguintes.

O investidor precisa ter acesso aos melhores *deals* ou oportunidades de investimento. Engana-se quem pensa que basta ter dinheiro e dizer que é investidor-anjo que os melhores negócios e as oportunidades realmente diferenciadas baterão pontualmente em sua porta. Não vão, simples assim! No entanto, com certeza as ofertas de negócios supostamente maravilhosos e imperdíveis chegarão aos montes – porém, a maioria sem a devida seleção, qualificação e com um risco mais alto que o padrão.

Nos Estados Unidos, mesmo que um investidor tenha bastante dinheiro, não é fácil participar das rodadas privadas (exclusivas para investidores conhecidos e superqualificados). Os melhores negócios ficam centralizados e são liderados por poucos. No Brasil, já estamos caminhando nesse sentido.

Em contrapartida, uma regra que os empreendedores mais experientes já percebem como essencial é o *track record*, a assertividade do investidor. Por exemplo: quanto tempo de experiência, qual é a rede de relacionamento, em quantos negócios investiu, em quantos perdeu e de quantos saiu, o portfólio atual e, sobretudo, qual o relacionamento dele com suas investidas. Digo isso porque em muitos casos a participação de um investidor com nome importante (não só de fama) em uma startup vai agregar muito mais valor para as próximas rodadas que outro que só tem o dinheiro, ou seja, o empreendedor quer se relacionar e obter benefícios muito além do dinheiro.

Em muitos casos, a participação de um investidor com nome importante (não só de fama) em uma startup vai agregar muito mais valor para as próximas rodadas que outro que só tem o dinheiro.

Você que está lendo este texto provavelmente já deve ter ouvido muitos investidores falarem que só investem em bons empreendedores, com capacidade de execução, focados etc., e isso é verdade também. Entretanto, quero alertar aqui para o fato de que é preciso dar a mesma importância à escolha de um investidor. A lógica nesse caso é invertida mesmo.

Perceba, pelo que acabei de narrar, que a situação existe: de um lado, centenas de empreendedores buscando dinheiro de maneira errada, e, do outro, centenas de investidores com dinheiro buscando acertar e encontrar o chamado unicórnio.

INTRODUÇÃO

Contudo, é no que eu chamo de "momento de convergência de interesses" que a mágica acontece.

Neste livro, procuro mostrar vários pontos de atenção e caminhos para quem está buscando investidor. Basicamente, aponto que o caminho inicial é procurar pela TESE do investidor, para verificar se ela se encaixa no segmento e no modelo de negócio de sua startup, e, é claro, pesquisar pelo PERFIL de investimento e, principalmente, pelo relacionamento pessoal e profissional do investidor. Se encontrar esse investidor em potencial, descubra uma forma de ser apresentado ou indicado a ele sem ser invasivo, tente se conectar com ele sem ter como objetivo único lhe pedir dinheiro. Se seu negócio for interessante para ele, vai acontecer naturalmente um convite para um papo sobre investimento.

Se você é investidor, quer ser ou ainda está começando, a leitura vai ser muito útil para ampliar seus conhecimentos no assunto. Você vai perceber que não se trata apenas de sair por aí colocando dinheiro em todos os negócios "imperdíveis" que aparecem: busque uma curadoria, uma opinião de terceiros, uma entidade; enfim, seja assertivo e mais cauteloso para diminuir seu risco. Os melhores investidores são de fato os mais "escolhidos" pelos bons empreendedores (na lógica deste livro); eles têm sempre as melhores oportunidades no mercado para investimento.

Captar recurso no Brasil é, sim, um desafio. Apesar de não ser fácil, é importante ter total conhecimento de como funciona, o melhor momento de captar e entender que essa "ciência" do SMART MONEY, ou seja, do dinheiro inteligente, tem algumas regras e muitos desafios.

Portanto, este livro se destina a quem quer entender e mergulhar nesse universo. É ideal para empresas, empresários, empreendedores, jovens e startups que desejam buscar dinheiro no mercado, independentemente do estágio em que seu negócio/projeto esteja.

Vamos juntos desbravar essa incrível e desafiadora jornada que é empreender.

Boa leitura!

Os melhores investidores são de fato os mais "escolhidos" pelos bons empreendedores (na lógica deste livro); eles têm sempre as melhores oportunidades no mercado para investimento.

A JORNADA DE UMA STARTUP

1

A JORNADA DA STARTUP NO *EARLY STAGE*

Nos últimos doze anos de minha vida empreendedora, tenho me dedicado ao estudo e à prática no ecossistema de startups brasileiro. Já estive dos dois lados da moeda — empreendi em vários negócios que nem sempre deram certo e, desde 2008, tenho direcionado meus esforços e minha energia para o investimento-anjo e mentoria.

Em toda a minha jornada pessoal, vivenciei momentos de euforia de quem imaginou ter encontrado "o pote de ouro no final do arco-iris", mas também vivi muitos momentos de tristeza e de dificuldades e vi muitos bons negócios morrerem no meio do caminho. Ajudei empreendedores a resolver problemas complicados e outros a reposicionarem sua marca/seu negócio no mercado.

Com base nessas constatações e experiências, identifiquei algo em comum entre as startups que tento explicar no gráfico que verá a seguir.

Note na imagem que a linha não é regular ou firme, é realmente tremida, pois não segue os padrões de mercado. O fluxo indica a ordem em que as coisas acontecem (passo a passo!).

Cada estágio nessa espécie de *loop* (no ciclo de desenvolvimento) terá uma breve descrição para que você posicione sua startup no momento em que ela se encontra. Se você se imagina pronto para seguir, convém estudar bem o caminho a percorrer para que conheça o modo como as coisas de fato funcionam.

Veja na imagem e siga cada item abaixo:

1. **Mercado**

    Ocorre quando o negócio começa a rodar, ou seja, ele não é mais uma simples ideia ou um projeto com data de lançamento prevista. Aqui já existem os primeiros clientes pagantes que validam o negócio no mercado. É nessa fase que começa o ciclo do meu estudo. Seu maior problema como startup *early stage* é que pouca gente o conhece. E seu segundo maior problema é que, mesmo que o conheçam, não se importam com você.

2. **Evolução e Audácia**

    De maneira geral, os empreendedores são apressados, arrojados, empolgados e conseguem evoluir numa velocidade inacreditável. A humildade e o entusiasmo são essenciais nesse estágio. O negócio está só começando e ainda não deu certo como muitos pensam, por isso é necessário ter atenção e muito cuidado!

3. **Investimento ou *Bootstrap***

    É quando a startup recebe o primeiro investimento-anjo ou está saindo das aceleradoras. Tem negócios que continuam caminhando com as próprias pernas e opta por não receber dinheiro externo ainda.

4. Limbo/Gap

Após a comemoração de receber investimento e a felicidade do momento, a curva começa a descer, e o empreendedor percebe que nem tudo são flores, como havia imaginado. Com o crescimento contínuo orgânico ou impulsionado, algumas decisões precisam ser tomadas, pois vão definir o futuro do negócio.

5. Falhas/Ajustes

Começam a aparecer as falhas: de processos, sistemas, pessoas... a equipe de desenvolvimento não consegue acompanhar o número de vendas, e por aí vai. Por trás de toda crítica há um interesse. Ouça atentamente, pois ali se esconde um feedback que pode ser o valor que falta no seu produto/serviço.

6. Nervosismo/Dificuldades

O nervosismo é normal, as dificuldades e os questionamentos também. Será que vai dar certo mesmo? Cobranças interna e externa e falta de dinheiro podem potencializar até os menores problemas.

7. *Struggle*

Ocorre quando o próprio CEO começa a duvidar de sua capacidade para estar ali. A família aconselha a arrumar um emprego e diz frases como: "Você não precisa passar por isso"; as pessoas em geral e até os colaboradores começam a questionar: "Por que você não DESISTE?", "Será que vai conseguir levar o negócio adiante?". Esgotados e/ou quebrados, muitos caem nessa fase.

8. Aprendizado

Quem consegue chegar a essa fase depois de enfrentar todas as etapas anteriores se mostra bravo e guerreiro. Alcançou a maturidade e o aprendizado com muita resiliência. Já conseguiu se adaptar ao mercado, corrigiu tudo o que estava errado e entende os altos e baixos de empreender.

9. *Improvement*

É hora de retomar. Aqui é feita a implementação/ativação das melhorias que foram aprendidas nos processos anteriores.

10. *Product Market Fit* (PMF)

Quem alcança o *Product Market Fit* consegue o encaixe ideal entre precificação, produto/serviço e mercado. A convergência dessas três características é fundamental para qualquer negócio. Quem passa dessa etapa volta a tracionar, ou seja, crescer. E de modo mais consciente e assertivo.

É possível pular etapas? Sim, claro, muitas avançam alguns passos e outras até seguem adiante sem enfrentar nenhum perrengue. O que tento explicar é o que geralmente acontece com a maioria das startups no estágio inicial.

E a desistência? Sim, ela existe, é normal e pode acontecer a cada passo desse fluxo, mas é no item 7, "*Struggle*", que verifiquei a maior incidência.

O próximo passo? Pode ser um pouco mais de investimento para manter o negócio rodando, mas retornar ao ciclo e à curva seguindo a mesma trajetória já passada antes. Ou, na sequência, subir e conseguir a tração, resgatar a energia e, com isso, conseguir outra vez a ousadia, novas rodadas de investimentos e os estágios seguintes – o sonho de todas as startups.

A partir de agora, vamos aprofundar e entender um pouco mais dos caminhos relacionados com cada ponto dessa jornada, principalmente no que se refere ao item Investimento. E, com isso, avançar na trajetória em busca de mais mercado e de consolidação do seu negócio. Mas, antes, não posso deixar de explicar por que várias startups não estão conseguindo ir muito longe. Assim, você já saberá o que não fazer.

POR QUE AS STARTUPS FALHAM?

A CB Insights (www.cbinsights.com/), líder global em dados sobre startups, tecnologia e *venture capital*, estudou a fundo mais de 100 post-mortems de startups reais com o objetivo de identificar as razões que levam uma startup ao fracasso. Essas informações estão disponibilizadas em seu site para que startups, investidores, academia e corporações tenham alguns insights sobre essa importante questão.

Diversas startups foram analisadas, e as razões para o fracasso são muito diferentes. Depois de chegar a tais constatações, o estudo apontou e compilou as 20 principais razões que são responsáveis pelo fracasso de boa parte das startups espalhadas pelo mundo.

Com o objetivo de alertar e compartilhar o conhecimento, apresento a seguir a relação de motivos, para que nossos empreendedores analisem cada ponto de modo que possam fazer uma autoavaliação. Aproveite e repense seu negócio.

1. **Construir uma solução procurando um problema, isto é, não visando a uma "necessidade do mercado":** resolver os problemas que são interessantes para resolver, e não aqueles que servem a um propósito, a uma necessidade de mercado. Esse erro foi citado como a razão número 1 para o fracasso em notáveis 42% dos casos.
2. **Correr para "fora da caixa":** dinheiro e tempo são finitos e precisam ser alocados criteriosamente. A questão de como você deve empregar seu dinheiro ainda é um desafio frequente e a razão para a falha citada por startups que não deram certo (29%).
3. **Equipe errada:** uma equipe diversificada, com diferentes conjuntos de habilidades, foi muitas vezes citada como fator fundamental para o sucesso de uma empresa. A maioria só se dá conta de que deveria ter investido mais na equipe e em sua estruturação depois que o negócio dá errado. Por que não contratamos alguém para cuidar dessa parte, ou de outra, torna-se um dos principais lamentos póstumos.
4. **Ser competitivo demais ou de menos:** quando uma ideia fica quente ou recebe validação de mercado, pode haver muitos concorrentes em um único espaço. Assim, não se trata de ficar obsessivo com as possíveis competições, mas é preciso, sim, acompanhar e conhecer de maneira saudável seus concorrentes diretos. O fato de não fazer esse acompanhamento foi apontado como um problema por 19% das startups que falharam.

5. **Precificação dos produtos e dos serviços:** essa ainda é para muitos a tarefa mais difícil em um negócio. E é justamente nesse quesito que estão as grandes chances de sua empresa ser um sucesso, ou o contrário. Envolve operação e expectativa — afinal, o que seu cliente está adquirindo além do próprio produto em si? Como gerar valor?
6. **Produto pobre:** coisas ruins acontecem quando você ignora as necessidades dos clientes, de maneira consciente ou não. É preciso estar atento e adequar, reformular seus produtos de acordo com o que eles esperam, não de acordo com o que você deseja ou planejou no início.
7. **Eu tenho esse produto, agora só preciso de um modelo de negócio:** os fundadores que contribuíram com esse estudo parecem concordar que um modelo de negócio é importante, mas permanecer casado com um único canal e não buscar novas maneiras de ganhar dinheiro e de capitalizar sobre toda a tração adquirida é um tiro no pé.
8. **Marketing pobre:** é preciso conhecer seu público-alvo e saber como obter a atenção dele e convertê-lo em *leads*. Os clientes são a base de um negócio bem-sucedido, e o marketing, um aliado nessa jornada. Os fundadores se dedicavam a construir um produto, mas 14% admitiram que promover esse produto de modo adequado deixou a desejar.
9. **Ser inflexível e não buscar o feedback do cliente:** ignorar os usuários é uma forma experimentada e verdadeira para falhar. É fácil ser levado a pensar que seu negócio é legal, mas você tem de prestar atenção em seus clientes e se adaptar às necessidades deles.
10. **Produto lançado na hora errada:** se lançar o produto muito cedo, os usuários podem descrevê-lo como não sendo bom o suficiente. E depois é difícil reverter uma primeira impressão. E se liberar seu produto demasiado tarde, você pode ter perdido a janela de oportunidade no mercado.
11. **Perder o foco:** distrair-se com projeções, problemas pessoais e/ou perda geral de foco foi mencionado por 13% como um contribuinte para o fracasso.
12. **Desarmonia com investidores/cofundadores:** discórdia com um cofundador é uma questão fatal para as empresas iniciantes. Esse problema, porém, não se limita à equipe fundadora. E quando as coisas vão mal com

um investidor, isso pode ficar feio para todos os envolvidos, de maneira direta ou não. O fato é que o negócio é afetado, e muito.

13. **Pivotar sem análise:** pivotar – por exemplo, do Burbn para o Instagram, do Tote para o Pinterest ou do ThePoint para o Groupon – pode ser uma saída boa, mas nem sempre acontece de modo positivo. O ditado "fracasse rápido para pivotar mais rápido ainda" nem sempre funciona. Por isso, esse assunto deve ser muito bem calculado: as alterações do modelo de negócio são feitas; as hipóteses, testadas e validadas; e os resultados, medidos.

14. **Falta de paixão:** há muitas boas ideias lá fora, no mundo, mas 9% dos fundadores descobriram que a falta de paixão por um domínio e a falta de conhecimento foram as principais razões para o fracasso, não importa quão boa seja uma ideia.

15. **Localização ruim:** esse foi um problema apontado de duas maneiras distintas. A primeira foi a de que tem que haver congruência entre conceito e localização. A segunda diz respeito a equipes remotas: se sua equipe está trabalhando remotamente, a chave é encontrar métodos eficazes de comunicação e controle.

16. **Ausência de financiamento ou de interessados investidores:** amarrando a razão mais comum de ficar sem dinheiro, um número expressivo de fundadores de startups citaram explicitamente a falta de interesse dos investidores no processo como um todo. Aliás, esse foi um dos motivadores para escrever este livro.

17. **Desafios legais:** às vezes, uma startup pode evoluir a partir de uma ideia simples para um mundo de complexidades jurídicas, as quais podem ser as causas principais do fracasso de negócios nascentes.

18. **Não usar suas conexões ou sua rede:** muitas vezes ouvimos empreendedores lamentando sua falta de conexões com investidores ou com o próprio ecossistema. Ficamos surpreendidos ao ver que uma das razões para o fracasso foi empreendedores que disseram não ter utilizado de forma adequada a própria rede. Seus investidores estão lá para ajudá-lo. É preciso envolvê-los desde o início e não ter medo de pedir ajuda.

19. **Esgotamento:** equilibrar a vida pessoal com a profissional nem sempre é fácil. O esgotamento foi apontado como uma razão para 8% dos que falharam. A capacidade de cortar suas perdas quando necessário e redirecionar seus esforços quando se vê um beco sem saída foi considerada importante para o sucesso e para evitar o esgotamento, mais conhecido como *burnout*.
20. **Falta de giro:** quando necessário, é preciso se desfazer logo de um produto ruim, de uma má contratação de funcionário ou de uma decisão errada tomada em algum momento. O mercado espera postura e eficiência, e 7% indicaram essa razão para o fracasso. Uma escolha momentânea não pode ser tornar "um casamento infeliz e prejudicial". É preciso progredir sempre e fazer com que as coisas girem.

É importante ressaltar que esse tipo de análise orientada por dados não seria possível sem que fundadores corajosos se dispusessem a compartilhar suas histórias e seus erros. Sem dúvida, eles compreendem que só assim é possível contribuir para que novos empreendedores não cometam os mesmos erros.

Então, agora que você já tem esse check list dos erros a não cometer, seja persistente e mãos à obra!

MODELO DE NEGÓCIO E *PRODUCT MARKET FIT*

Como você deve ter percebido, tanto na leitura da jornada de uma startup, como nos motivos que levaram as startups a falharem, um dos principais problemas encontrados na busca do caminho para o sucesso é a escolha adequada do Modelo de Negócio e o consequente encontro do PMF. Então, vamos analisar detalhadamente os dois:

Entendendo o Modelo de Negócio

O conceito do modelo de negócio é, sem dúvida nenhuma, aquilo que é mais conhecido pelos empreendedores e pelo próprio mercado como um todo. De forma objetiva e sucinta, trata-se da explicação dos três pilares básicos:

A JORNADA DE UMA STARTUP

como sua empresa CRIA, ENTREGA e CAPTURA valor. Ou seja, como pretende resolver determinado problema, como o aborda e, até mesmo, quanto cobrará do cliente.

Com base nesses três pilares, perceba que, para se destacar da concorrência, é preciso criar um modelo de negócio diferenciado, uma proposta de valor única, que tenha fluxos de receitas diversas e muita criatividade (para mim, o mais importante). Definitivamente não é tarefa fácil, e quem consegue se destacar assim ganha mercado com muita rapidez.

Alguns exemplos clássicos e recentes de modelos de negócios inovadores e disruptivos são das empresas Netflix, Spotify, Airbnb e Uber. Embora existam diversos outros que podem ser estudados e escolhidos como inspiração para montar seu negócio, ou até mesmo pivotar sua startup, ser realista e conhecer seus limites de atuação é um passo fundamental para crescer de maneira sólida.

> *Para se destacar da concorrência, é preciso criar um modelo de negócio diferenciado, uma proposta de valor única, que tenha fluxos de receitas diversas e muita criatividade (para mim, o mais importante). Definitivamente não é tarefa fácil, e quem consegue se destacar assim ganha mercado com muita rapidez.*

Eis o que você precisa analisar e conhecer a fundo antes de desenhar seu modelo de negócio:

1. **Quem será seu público?**
   - B2B (*business to business*), quando os clientes são outras companhias, sejam elas grandes corporações, sejam elas pequenas e médias empresas;
   - B2C (*business to consumer*), quando a venda é direta para o público final;
   - B2G, quando o governo é o maior consumidor;
   - C2C, quando pessoas físicas vendem os produtos da empresa a outros consumidores;
   - O2O (*on-line to off-line*), ou uma variedade de outras siglas.

2. **Como monetizar?**
   - *Premium:* pagou, levou;
   - *Freemium:* quando existe uma versão grátis e uma paga com muito mais funcionalidades;
   - Assinatura: quando há uma cobrança recorrente enquanto o cliente se beneficia do serviço da startup;
   - Publicidade: quando a empresa "vende" seu público aos anunciantes;
   - E vários outros mais específicos.

3. **Tipos de modelo de negócios: onde sua empresa se encaixa?**
   - Software as a Service (SaaS): é uma forma de distribuição e comercialização de software. Nesse modelo, o fornecedor do software se responsabiliza por toda a estrutura necessária à disponibilização do sistema (servidores, conectividade, cuidados com segurança da informação), e o cliente utiliza o software via internet, pagando um valor pelo serviço.
   - *Marketplace:* local onde se faz o comércio de bens e serviços de terceiros. A palavra é uma junção dos termos ingleses *market*, que significa "mercado", e *place*, que significa "lugar".
   - E-commerce: modelo de comércio on-line diretamente ao consumidor final.
   - Plataforma: modelo de negócio que cria valor, facilitando o intercâmbio entre dois ou mais grupos interdependentes, em geral consumidores e fornecedores.
   - Produtos/Marca própria: a marca existe primordialmente para alavancar um produto, por meio da identificação junto ao consumidor e da diferenciação dos concorrentes. A definição de marca própria (MP), por sua vez, diz respeito especificamente àqueles produtos ou àquelas marcas que são registrados e comercializados com exclusividade.
   - Revendedor (ou representante comercial – designação adotada oficialmente): o profissional que representa comercialmente determinada empresa sem manter vínculos de emprego com ela.

A JORNADA DE UMA STARTUP

- **Ecossistema (APIs):** é o ambiente, formado pelos mais diversos *stake-holders* do empreendedorismo, no qual há interconexão, extinção de hierarquia (equilíbrio) e dinamismo. Aqui, iniciativas de apoio ao empreendedorismo são tomadas, necessariamente, em rede.
- **White Label:** plataforma que permite que outras empresas explorem comercialmente sua tecnologia e ofereçam serviços com marca própria terceirizando toda a tecnologia e a infraestrutura de TI.
- **Afiliados:** serviço de publicidade prestado por uma empresa que aluga e vende espaços publicitários na internet, de modo que o titular do espaço locado é remunerado de acordo com o desempenho da campanha publicitária.
- **Fidelização:** estratégia de marketing que visa desde a conquista da fidelidade do cliente até o uso dos produtos de determinada marca, serviço, loja ou rede de pontos de venda etc.
- **Software House:** é responsável por projetar, desenvolver, fazer manutenção e, ainda, comercializar softwares que atendam às necessidades de determinado nicho de mercado ou que atendam às necessidades específicas de uma empresa.
- Outros.

Entendendo o PMF

O próprio nome traduzindo já diz tudo: Produto, Mercado e Encaixe. O que talvez alguns empreendedores ainda não saibam é que os três elementos precisam estar devidamente alinhados e é na convergência deles que se encontra o PMF.

- **Product:** pode ser resumido por aquilo que a empresa desenvolve ou comercializa (um software, um site, um app, um produto físico).
- **Market:** trata-se de um grande grupo de pessoas que compra e paga pelo produto.
- **Fit:** ocorre quando o mecanismo de distribuição da oferta está alinhado com a mecânica de compra e o consumo do mercado, incluindo a precificação.

Quando a mágica acontece? Quando o empreendedor entende que precisa focar para encontrar o melhor produto ou serviço possível, para um mercado específico e mapeado, com os modelos de público, de receita e tipos de modelo de negócio, modelos adequados e precificação correta.

Em relação ao mercado específico e mapeado, não há problema em ser de nicho, contanto que se tenha em mente que mercados verticais tendem a ser menores, mas não necessariamente com pouca receita. Às vezes é até melhor atuar em mercados específicos, nichados ou verticais, porque demandarão menos investimento em marketing, podendo crescer organicamente com a prova social e com o boca a boca.

Um dos requisitos básicos para ser uma startup é ter um modelo escalável. Então, não pule etapas. Caso não tenha encontrado o PMF de forma escalável, não arrisque investir ainda em crescimento. Isso vai consumir todos os seus recursos financeiros. Escalar significa buscar por um modelo de crescimento repetível e lucrativo sem aumentar infraestrutura proporcional, como você verá adiante, de maneira mais aprofundada.

Eu arriscaria dizer que a prova de que você está pronto para um investidor é alcançar o modelo repetível e escalável, manter um crescimento consistente e sustentável, com visão de *breakeven* e estratégia para tracionar, seja com *inside sales*, *inbound*, *outbound*, seja com *field sales*.

Portanto, escolher o melhor Modelo de Negócio e encontrar o PMF é uma das chaves para passar segurança e ser interessante aos olhos dos investidores para conseguir o tão almejado smart money.

A JORNADA DE UMA STARTUP 1

O QUE É SMART MONEY E QUAL SUA IMPORTÂNCIA?

A expressão smart money, título deste livro, é utilizada com recorrência no mercado de startups e é definida para descrever o dinheiro inteligente que os investidores aplicam. Além do investimento financeiro por si só, os investidores agregam outros valores – como: experiência, *know-how*, insights sobre o modelo de negócio em áreas cruciais da empresa – e apresentam um histórico de investimento no segmento específico, *track record* e um forte networking junto ao mercado e a potenciais clientes.

Lembrando que, quando se trata de startups, apenas ter o dinheiro para aportar não é suficiente! Diferentemente do mercado tradicional, engana-se (e muito!) quem pensa que o investidor vai colocar dinheiro e voltar após algum tempo apenas para compartilhar os lucros. Sem a ajuda dele no dia a dia, na resolução de problemas desde os básicos até os mais complexos, a startup provavelmente nem sequer conseguirá sobreviver ao ponto de ter qualquer tipo de lucro.

Investidores que trazem smart money não usam expressões como "eu acho", "quero crer", "provavelmente", mas: "com base em minhas experiências", "eu acredito", "conforme foi validado", "segundo as planilhas". E, além disso, fazem perguntas, e não somente apontam caminhos. Ouvem opiniões, contrapõem com equilíbrio pontos de vista diversos dos seus e aconselham nas decisões. Tudo isso tem um valor inestimável e crucial ao empreendedor que começa seu negócio. Dessa forma, o investidor inteligente o alerta sobre os muitos obstáculos que necessariamente virão e os meios prudentes de desviar deles.

É uma caminhada que precisa ser trilhada lado a lado, em conjunto e com uma parceria afinada. Afinal, empreendedor e investidor possuem um mesmo objetivo de fazer com que o negócio dê certo e se torne lucrativo e valorizado.

A expressão smart money, título deste livro, é utilizada com recorrência no mercado de startups e é definida para descrever o dinheiro inteligente que os investidores aplicam. Além do investimento financeiro por si só, os investidores agregam outros valores, tais como: experiência, know-how, insights sobre o modelo de negócio em áreas cruciais da empresa

FUNDADORES DE IMPACTO E ALTA PERFORMANCE

2

NÃO CONVENÇA, ENCANTE

Falar sobre investimento é sempre um assunto atual. E, se você começou a ler este livro, certamente está interessado em startups ou até mesmo se prepara para conseguir capital empreendedor para seu projeto. A boa notícia é que essa arte não se restringe aos empreendedores mais experientes! Estamos o tempo todo vendendo ideias, compromissos, sonhos. E aprender a negociar faz parte da vida desde a infância. Quando uma criança passa a entender o poder da troca e quanto ter certas atitudes podem lhe beneficiar, ela logo começa a pensar em convencer.

Convencer o investidor de que você está certo ou de que sua opinião é melhor por isso ou por aquilo também faz parte. Entretanto, trazendo para os dias de hoje e analisando a postura dos investidores em inovação, para convencer e converter é preciso mais que bons argumentos!

Os investidores estão cada dia mais exigentes e bem informados. Apenas esses dois motivos já seriam suficientes para tirar qualquer empreendedor da zona de conforto. Essa lista, porém, tem uma infinidade de novos motivos que "obrigam" quem realmente deseja captar investimento a levar o assunto a sério. É preciso se preocupar e se mexer, se reinventar, se preparar.

Mais que um bom projeto ou até mesmo o negócio em si, os investidores esperam que você mostre capacidade de execução. Tentar convencer sem encantar, além de dar muito trabalho ao empreendedor, provavelmente será uma tarefa em vão. Por quê? Porque certamente o investidor encontrará um #UAU que ele procura em outro projeto.

E você pode estar se perguntando: mas, João, como encantar? O que realmente isso significa? Reúno neste livro dicas e modelos para centrar seu foco no investidor: como ele pensa, sua TESE (aprofundando um pouco nesse ponto, é entender os motivos e as *triggers* que fazem os investidores o procurarem).

Outro ponto a destacar, no qual muitos ainda pecam hoje em dia: captar investimento não se resume a prospectar mais ou aparecer mais. Da mesma maneira, nem sempre vender participação de sua empresa por qualquer valor vai resolver seu problema.

É gratificante e envolvente trabalhar com pessoas impressionantes que fazem coisas em que você acredita. É mais fácil, portanto, trabalhar com pessoas que tenham o mesmo objetivo. Por isso, na hora de escolher um investidor, se deseja encantá-lo mais ainda, seja sincero. Com você mesmo, primeiro, e depois com ele. Ser mais um empreendedor não vai levá-lo a lugar nenhum. Seja ativo, autêntico, criativo e confiante, e encantar será uma consequência.

OS ANJOS ESTÃO POR TODA PARTE, COMO CONSEGUIR UM?

Muitos empreendedores têm dificuldade de encontrar um investidor-anjo no Brasil ou até mesmo de entender o momento certo de buscar investimento. O que, resumidamente, eles precisam saber é que devem se preparar muito antes de procurar um investimento. O ideal é apresentar sua ideia quando ela estiver, pelo menos, em estágio de validação ou pronta para se manter e crescer.

Mas uma coisa é certa, o melhor momento para buscar investimento-anjo é quando você não precisa dele. Isso porque não é só dinheiro que conta nessa relação. Além disso, uma boa equipe de *founders* e de desenvolvimento do

> *Na hora de escolher um investidor, se deseja encantá-lo mais ainda, seja sincero. Com você mesmo, primeiro, e depois com ele. Ser mais um empreendedor não vai levá-lo a lugar nenhum. Seja ativo, autêntico, criativo e confiante, e encantar será uma consequência.*

FUNDADORES DE IMPACTO E ALTA PERFORMANCE

projeto é fator fundamental para essa escolha: investidores-anjo investem em pessoas, não apenas em negócios.

Pois bem, preparei quatro dicas iniciais para ajudá-lo na busca pelo investidor-anjo para seu projeto.

1. Como fazer um *pitch*?

É claro que adiante vamos nos aprofundar e muito nas estratégias e nas dicas para elaborar o *pitch* ideal. Mas, por ora, não poderia deixar de elencar esse ponto aqui – a receita de um bom *pitch* para investidor passa por essa ordem: a exposição do problema e sua solução, mercado, concorrentes, modelo de negócio, demonstração, equipe, expectativas, investimento e um *grand finale*/encantamento.

2. Como conseguir um investimento-anjo?

Não existe receita de bolo, mas, dependendo do estágio de seu projeto, existem alguns caminhos para encontrar esse "patrocinador" dependendo da situação do empreendedor. Alguns exemplos:

- Se é apenas uma ideia na cabeça, procure conhecidos e parentes – eles poderão ser seus anjos – e/ou participe de eventos como o Startup Weekend.
- Se é um projeto ainda em desenvolvimento, procure um empresário que tenha afinidade ou interesse no segmento de seu negócio (ele pode se transformar em um anjo) e/ou submeta seu projeto a desafios em eventos, a programas de pré-aceleração e aceleração.
- Se é um projeto validado, procure um anjo investidor por afinidade ou interesse em seu segmento e/ou submeta seu projeto a programas de aceleração.
- Se é um projeto já pronto e que precisa de tração, venda seu serviço ou seu produto no mercado (os clientes serão seus investidores); participe de eventos e demonstre o que você faz; submeta-o à avaliação de anjos experientes para ter um "padrinho" ou quem sabe

um *deal leader* na captação de investimento. Você pode também fazer uma captação em uma plataforma de *equity crowdfunding*.
- Se é um projeto que tem escala, tração, está faturando e encontrou o PMF, procure um investidor sênior que possa ajudá-lo a fazer a ponte com rodadas maiores de investimento, ou apresente seu projeto a uma *venture capital*;
- Tenha em mente que investidores bem-sucedidos e qualificados têm TESES DE INVESTIMENTO definidos e/ou publicados que filtram negócios e oportunidades. E você deve, primeiro, verificar se seu negócio se encaixa no que o investidor procura;
- Dependendo do valor de sua startup no estágio mais avançado, procure um investimento *seed* ou *venture capital* (semente ou de risco, respectivamente).

3. Quanto tempo demora?

O processo para entrada de um investidor-anjo em seu negócio pode demorar três meses ou mais, período que abrange desde o interesse do investidor até a assinatura dos termos e o início dos aportes. Se você tem pressa, pode correr dois riscos: a) assustar o investidor, pois esse tipo de investimento requer tempo para estabelecer uma relação de parceria e confiança mútua, ou b) fazer, falar ou conceder coisas de que possa se arrepender depois.

4. Quais as coisas importantes com que o empreendedor tem que se preocupar?

- Procure primeiro por um mentor para receber orientação. Esse mentor pode fazer o aporte de experiência e conexões com investidores no mercado;
- Tenha um propósito definido, se possível até uma causa;
- Apareça nos eventos certos. A oportunidade se abre para quem se abre para ela;
- Mantenha uma interação frequente com investidores não apenas para pedir dinheiro. Torne-se um seguidor, antes de qualquer coisa;

FUNDADORES DE IMPACTO E ALTA PERFORMANCE 2

- Procure outro tipo de financiamento ou mesmo um banco se você precisa desesperadamente de dinheiro. Buscar um investidor nessa situação assusta;
- Demonstre seu *track record* em negócios anteriores ou que seu negócio atual está maduro o suficiente para provar que vai dar certo;
- Mantenha o semancol em ótimo nível, não fale demais;
- Ofereça um assento no Conselho ao investidor. Ele não entrará apenas com o dinheiro, com certeza vai participar das decisões e dos rumos do negócio;
- Valorize seu time, ninguém é tão bom a ponto de fazer tudo sozinho;
- Procure por outros aportes além do dinheiro – experiência, conexões e mentoria;
- Lembre-se de que um investidor-anjo não investe em um ponto, mas em vários – ele investe em uma barra de progresso na linha do tempo de um negócio;
- Seja humilde e tenha muito cuidado com a arrogância do sabe-tudo.

> *Procure outro tipo de financiamento ou mesmo um banco se você precisa desesperadamente de dinheiro. Buscar um investidor nessa situação assusta.*

É importante frisar que se trata de um investimento. Implica uma relação de longo prazo que envolve riscos para ambas as partes. Portanto, quanto mais ajustada e combinada essa relação, melhor. Por isso, observe ainda:

- Pesquise investidores que já sejam reconhecidos pelo mercado, ou seja, que fizeram algum investimento anterior que foi divulgado na mídia. Também pesquise clubes de investimento-anjo em sua região, pois quanto mais próximo você estiver do anjo, melhor para marcar um café e estar acessível para reuniões, pois nem sempre você vai conseguir um voo de um dia para o outro para São Paulo para tomar um café de trinta minutos. É claro que o relacionamento pode acontecer de modo remoto, mas a fase de negociação é cheia de idas e vindas; por isso a preferência por estar mais acessível presencialmente.

- Busque empresários ou executivos de grandes empresas de segmentos complementares ou similares ao seu negócio: normalmente esse tipo de pessoa tem um dinheiro dedicado a investimentos em novos negócios e, mesmo que não seja um investidor profissional, o que mais importa é a experiência que o investidor pode agregar à sua startup.
- Filtre os investidores por experiência, conhecimento, tipo de investimentos anteriores; em resumo, saiba qual é a tese de investimento dele, pois cada um tem a sua e prefere investir mais em alguns tipos de negócios que em outros. Além disso, é importante entender o que seu negócio precisa de acordo com as contribuições que o investidor pode dar. Sempre busque smart money, por isso a importância de selecionar o investidor (volto a dizer que não é só ele que escolhe seu negócio). Se você precisa de *know-how* em marketing e o investidor não teve experiência nesse tema nem conhece alguém que seja referência no assunto, então você estará trocando ações de sua empresa apenas por dinheiro – e dinheiro nem sempre resolve, se você não souber o que fazer com ele. Pesquise sobre o investidor no LinkedIn, no Facebook, em blogs; pergunte sobre ele a pessoas que já tiveram algum contato com ele para conhecer melhor seu possível investidor.
- Faça um plano de ação, depois de já ter filtrado seus investidores, para que ele conheça você e seu negócio. Se esse investidor costuma ser palestrante ou convidado em algum tipo de evento, esteja nesse mesmo lugar e puxe uma conversa. Adicione-o no LinkedIn. Peça o e-mail dele para pessoas próximas. Tente chegar até ele por meio de algum contato seu. Nessa etapa, vamos considerar que você criou a oportunidade de falar com um possível investidor para sua startup: pegou o e-mail dele, puxou uma conversa, vai apresentar sua startup em um evento no qual ele estará como espectador etc.

FUNDADORES DE IMPACTO E ALTA PERFORMANCE

Uma dica importante é controlar sua ansiedade e sua emoção. Não tenha pressa. Uma decisão tomada com pressa não significa mais velocidade para a startup, e sim mais problemas no médio prazo. Por mais que você precise do investimento para manter seu negócio em pé, tome decisões avaliando os prós e os contras. Para evitar a urgência/necessidade do investimento, planeje sua vida pessoal (para evitar ficar sem dinheiro para sobreviver) e antecipe a prospecção de investidores tendo em mente que são pelo menos seis meses de "namoro" depois de ter encontrado o investidor certo, pois ainda existe a fase de prospecção.

De fato, são muitos os pontos a serem observados, e acredito que essa visão ampla pode ajudar a clarear um pouco a jornada, para você mesmo encontrar o investidor de sua startup.

QUANDO OS INVESTIDORES-ANJO DIZEM AMÉM!?

Apesar de muito discutido, o perfeito entendimento é difícil para quem foi recém-enveredado no assunto. O investimento-anjo pode ser, de maneira simplista, definido como apoio em negócios em seu estágio inicial, mentoria, aconselhamento, fornecimento de infraestrutura, suporte, networking, tempo e dedicação. Na prática, porém, é muito mais que isso, como já adiantei. É o aval e o ombro amigo de que o empreendedor precisa para levar seu sonho adiante e, claro, também o suporte para sistematizar o investimento financeiro a título de *cash-in*, com a finalidade de suprir necessidades mensais em troca de um percentual do negócio.

Como diz o investidor Edson Rigonatti, realmente não é fácil ser uma startup: "Dela não se espera nada menos que o extraordinário. Afinal, do momento que ela inicia a jornada, espera-se que em um ou dois anos ela chegue a algo entre 2,5 milhões e 5 milhões de reais de faturamento, e que a partir desse ponto triplique, triplique, dobre, dobre e dobre, criando uma empresa de 180 milhões de reais em sete anos". Manter essa expectativa requer um foco insano na taxa de crescimento.

Existem várias histórias de empreendedores que transformaram uma boa ideia em algo milionário baseados em fatos reais ou nos contos mirabolantes do *Silicon Valley Dream*. Mas, trazendo para nossa realidade no Brasil, uma boa ideia serve apenas para ativar o processo de construção, validação e desenvolvimento inicial, a conquista do investidor-anjo ideal acontece quando você consegue provar a execução.

Da mesma forma, investidores não gostam de ficar fora de boas oportunidades e *deals*, pois sofrem do que chamamos de FOMO (*fear of missing out*, ou, em bom português, medo de estar perdendo algo). Por isso, torne o negócio cobiçado que não faltarão investidores querendo participar de sua rodada de investimento.

As variáveis a partir daí são muitas e precisam estar bem estabelecidas, como tento mostrar aqui. Aliás, é como sempre digo: no papel, no PowerPoint e no *pitch* é muito lindo. Quero ver (e o que vale mesmo) no Excel e na execução!

OS TIPOS DE INVESTIDOR-ANJO E AS DIFERENÇAS ENTRE ELES

Qual a diferença entre investidor-anjo e investidor debenturista? Ambos não são investidores? No sentido de investimento externo em startups, sim. Ambos são investidores e parecem por definição serem a mesma coisa, mas em minha humilde e sincera opinião existe uma diferença conceitual e de postura entre eles. Essa questão, apesar de muito complexa e também polêmica, pode causar enormes (e muitas vezes irreversíveis) divergências entre empreendedores-fundadores e investidores-anjo.

Vou resumir numa linguagem simples e usar como base minha experiência prática no assunto, pois o objetivo aqui é contribuir para melhorar a relação entre investidores-anjo e suas investidas, e vice-versa.

Então, partindo da premissa de que um investidor de startup é toda aquela pessoa que aporta algum recurso para comprar determinada participação no negócio — e também tomando como referência um investimento em uma startup no modelo S.A. com debêntures privadas emitidas —, vamos às diferenças conceituais entre investidor debenturista e investidor-anjo.

FUNDADORES DE IMPACTO E ALTA PERFORMANCE 2

Antes, gostaria de deixar claro que NÃO estou me referindo à relação entre acionistas empreendedores e fundadores de uma startup. Estou relatando a diferença na questão pontual sobre investimento externo.

Investidor debenturista

O debenturista, em minha visão, é como um investidor tradicional que aposta, por exemplo, em uma ação na Bolsa de Valores e fica sujeito às oscilações. As debêntures ou as notas conversíveis, porém, fazem parte do mercado de renda fixa, e não variável. Essas ações podem ser vendidas por esse investidor a qualquer momento e por qualquer motivo. Mas quando o investidor compra uma participação em uma startup por meio de debêntures conversíveis, como o exemplo da premissa deste texto, ele se torna um debenturista e fica sujeito ao êxito do negócio e às regras assumidas nos termos de investimento inicial e no boletim da debênture, como reuniões, assembleias, *reports*, dividendos, *follow-on*, saídas, diluição, entre outras coisas. O investidor debenturista, portanto, poderá ter de volta os recursos emprestados nos prazos, nas condições e nas garantias predeterminados no ato da emissão do título e, mais que isso, será a figura que cumpre e espera que sejam cumpridas pela startup todas as regras da lei e PONTO. Ou seja, ele quer que o negócio dê certo obviamente porque comprou participação, mas não se sente comprometido a participar com mais nada além do que foi acordado e de ter feito sua obrigação inicial, que era investir.

Além disso, permite também estabelecer regras que conferem ao investidor algumas prerrogativas de sócio, como participação no conselho consultivo, de administração e fiscal, participação nos lucros e no pagamento de juros sobre capital próprio. Essa opção é muito usada quando a startup não quer dividir a diretoria com nenhum sócio, então ela lança debêntures. Assim, ela só paga juros sobre o capital que o investidor aplica. É uma forma de empréstimo. É obrigada a pagar os juros e o principal numa data preestabelecida, em condições que ela pode estipular antes do lançamento das debêntures.

Investidor-anjo

O investidor-anjo segue as mesmas regras do investidor debenturista quando compra uma participação em uma startup por meio de contrato de participação, de mútuo conversível e também por debêntures conversíveis, mas não se limita a isso. O anjo é o investidor que, apesar de ter escolhido esse modelo por uma questão jurídica ou por opção mesmo, se sente parte do negócio, se sente na obrigação de ajudar, apoiar, oferecer infraestrutura, networking, dar aval, entender, comemorar, sofrer, cuidar, enfim, fazer o que chamamos de *hands-on* para que tudo saia como imaginado no primeiro momento, quando aceitou investir naquele negócio. Não é o tipo de investidor que coloca seu dinheiro, lê apenas os relatórios mensais e aparece uma vez por ano.

Essa explicação estabelece a diferença conceitual básica entre a postura de um tipo de investidor e outro. Meu conselho? Que essa expectativa seja resolvida logo na partida do investimento, pois conheço investidor-anjo que não gosta de ser tratado pelo empreendedor apenas como debenturista; da mesma forma, conheço empreendedores frustrados porque esperavam que o debenturista fosse como um investidor-anjo dos sonhos para eles.

O outro lado também é verdadeiro. Conheço fundadores de startups que não admitem investidores-anjo, apenas investidores debenturistas, pois não gostam de "interferências na operação do dia a dia", nem mesmo com mentorias. Da mesma forma, conheço investidor-anjo que trata o investimento em startup como uma ação. Não a apoia, não dá o suporte nem empresta seu *know-how* e networking; só exige e cobra.

Então é isso: embora tenham definições similares, seus conceitos distintos remetem a uma questão de POSTURA e PERFIL de cada pessoa. Não que uma coisa seja melhor que a outra, mas depende muito do combinado e da necessidade de cada negócio. Desse modo, não dá para ser as duas coisas ou ficar variando entre uma coisa e outra: ora investidor apenas debenturista, ora investidor-anjo por qualquer conveniência. E o empreendedor tem que decidir o que quer. Não pode em um momento querer um anjo e, em outro, apenas um investidor-padrão, seja por interesse do momento, seja

FUNDADORES DE IMPACTO E ALTA PERFORMANCE

por ciclo, barreiras, caixa, vendas, humor ou estágio na startup.

Resumindo, acredito que esse tipo de posição de quem está abrindo seu capital para a entrada de um investidor em um negócio startup deve ser claro, conversado antes mesmo da assinatura dos compromissos. Se já tem investidores em seu negócio, é bom marcar urgente uma reunião para alinhar as expectativas.

O empreendedor deve definir o que precisa antes de buscar investimento, e também para que o investidor tenha clareza de seu papel, de seu perfil e do ambiente que vai encontrar antes de apostar em startups.

Aí você pode me perguntar: "João, e quando o investimento é feito em outra premissa por meio do modelo de contrato mútuo conversível em participações?". Bem, como é um investimento mais comum, e a maioria deles é feita em empresas Ltda., esse tipo de divergência tende a ser menor, porque por padrão existe uma participação maior do investidor na operação. No entanto, as mesmas expectativas devem ser acertadas na partida, entendendo o papel de cada um, definindo as regras do jogo, as colaborações... enfim, isso tudo se torna igualmente fundamental.

O empreendedor deve definir o que precisa antes de buscar investimento, e também para que o investidor tenha clareza de seu papel, de seu perfil e do ambiente que vai encontrar antes de apostar em startups. Estamos só no começo, há muita coisa para aprender ainda. Como sempre digo, aquele que pensa que sabe de tudo é quem não sabe de nada!

COMO CONSEGUIR CAPTAÇÃO

3

LEVANTAR uma rodada de capital é uma tarefa bastante complexa para a maioria dos empreendedores — tanto que você comprou este livro, que tem como objetivo ajudá-lo a conseguir investimento! Primeira constatação: sim, o processo costuma ser solitário, acompanhado de grande ansiedade, momentos de frustração, incertezas e dúvidas. Você não será o primeiro nem o último a se identificar com todas essas características.

É comum as startups se debaterem tentando equalizar questões como o *valuation* e a estrutura da oferta. Existem, entretanto, muitos outros pontos importantes a considerar na hora de captar recursos que são tão ou mais relevantes que os da hora de levantar capital para seu negócio.

A primeira pergunta que você precisa responder é em relação ao momento certo para levantar capital, conforme abordei no capítulo anterior. Note que para cada estágio de desenvolvimento de um negócio os investidores possuem certas expectativas. Ou seja, de forma bem objetiva, para levantar uma rodada de 1 milhão de reais, por exemplo, a empresa já precisa ter um time formado e um produto bem desenvolvido, além de níveis de receita e clientes razoavelmente sólidos.

A segunda pergunta a ser respondida pelo empreendedor é em relação ao montante que deseja conseguir. Afinal, o que nenhum empreendedor quer é ficar com pouco dinheiro entre duas rodadas e ter que captar sem a tração necessária para justificar o *valuation* esperado. Seguindo essa linha de raciocínio, em geral as startups captam o suficiente para sobreviver por uns dezoito meses, considerando que precisam de um ano para alcançarem os principais objetivos daquela fase estipulada, mais uns seis meses de reserva para eventos não previstos e para a preparação da rodada seguinte. É importante calcular bem seu *burn rate* e considerar que muitas vezes você precisará do dobro do tempo previsto. Pés no chão! Não deixe o entusiasmo ou a prepotência fazer com que você salte de um penhasco sem paraquedas!

E a terceira pergunta está totalmente atrelada à importância de saber escolher seu investidor, como já comentei anteriormente em diferentes partes deste livro, pois isso é fundamental para o sucesso de qualquer negócio! A maioria dos empreendedores tem pouquíssimas chances de causar uma forte impressão nos investidores, por isso você deve tratar cada interação como se fosse a última. Faça com que cada conversa reflita seu melhor *pitch*. Não desperdice nenhuma chance, nem mesmo aquelas supostamente despretensiosas.

Dê atenção especial às páginas dos demonstrativos financeiros, da equipe, dos competidores e da justificativa do porquê agora é um bom momento para implementar seu negócio. Toda empresa deve usar algum tipo de projeção financeira. Até mesmo uma startup no início de sua trajetória deve ser capaz de montar um orçamento, entender os principais vetores de gastos e, assim, gerenciar de perto seu caixa para saber o momento certo de captar recursos. Lembre-se de que uma das atividades mais importantes de uma startup é entender bem seu *burn rate*, tanto que teremos um capítulo para tratar só desse assunto adiante.

O QUE O INVESTIDOR PERGUNTA PARA O EMPREENDEDOR?

- Qual é a oportunidade?
- Qual é o problema que seu projeto vai resolver?
- Qual é a inovação? Quais são suas diferenças em relação ao que já existe?
- Qual é a solução? Como seu negócio vai atender a essa necessidade?
- Qual é o mercado? Qual é o perfil dos clientes?
- Quais são os recursos? Quanto precisa de dinheiro, em quanto tempo e para quê? Além de dinheiro, do que mais precisará?
- Qual é a receita estimada? Qual, como, em quanto tempo e de onde vêm o ganho e a monetização?

COMO CONSEGUIR CAPTAÇÃO 3

- Quem são os *players* de mercado? Quem são os principais concorrentes diretos e indiretos?
- Quais são as hipóteses testadas? Quais são as barreiras de entrada?
- Qual é o estágio do projeto? Inicial, protótipo, pronto, faturando?
- Qual é o time? Descreva um pequeno histórico de cada sócio, as principais atividades e as participações de cada um no negócio.

Dependendo do estágio de seu projeto, existem ainda alguns caminhos alternativos para encontrar esse investidor/parceiro:

- **Ideia na cabeça:** procure conhecidos e parentes (eles poderão ser seus anjos) e/ou participe de eventos como o Startup Weekend.
- **Projeto validado e em desenvolvimento:** procure um empresário que tenha afinidade ou interesse no segmento de seu negócio (ele pode se transformar em um anjo) e/ou submeta seu projeto a uma aceleradora.
- **Falta tração:** venda seu serviço ou seu produto no mercado (os clientes serão seus investidores).
- **Está tracionado:** submeta à avaliação de anjos experientes para ter um "padrinho" ou quem sabe um *deal leader*, para uma captação de investimento. Um caminho pode ser a captação em uma plataforma de *equity crowdfunding*;
- *Escala:* precisa internacionalizar, procure um investidor sênior que possa ajudá-lo a fazer a ponte com rodadas maiores de investimento.
- *Valuation:* dependendo do valor de sua startup no estágio mais avançado, procure diretamente um investimento *seed* ou *venture capital*.

A dica final que deixo é que o investimento é uma relação de longo prazo e envolve riscos para ambas as partes, portanto, quanto mais ajustada e combinada, melhor.

Em suma, em relação a tudo que foi falado até aqui:

SUA STARTUP PRECISA DE DINHEIRO?
- Busque conhecimento além de capital.

- Seja claro.
- Busque fora do circuito.
- Tenha paciência.
- Mostre algo concreto.
- Mostre projeções realistas.
- Demonstre confiança.
- Busque seus contatos.
- Mostre capacidade de execução.
- Mostre sua experiência.

Considere as opções (da mais barata à mais cara ou das menos arriscadas para as mais arriscadas):

1. Recursos próprios;
2. Família e amigos;
3. Clientes, fornecedores (veja se aceitam uma parceria);
4. Empresas de leasing, microcrédito;
5. Financiamento coletivo pela internet (*crowdfunding*);
6. Investidores-anjos, capital-semente;
7. Incubadoras (para lhe fornecerem suporte e serviços administrativos básicos, assim como assessoria e acesso a outras fontes de financiamento);
8. Programas estaduais de fomento (agências governamentais);
9. Sócios capitalistas (muitas vezes o empreendedor encontrará pessoas que, em troca do dinheiro necessário para o investimento sem exigir garantias, exigem tornar-se sócios, com participação elevada, e a devolução do dinheiro em um prazo predeterminado com juros de mercado — ou seja, o dinheiro não se torna parte do capital da empresa, mas apenas um empréstimo);
10. Bancos oficiais (BNDES);
11. Bancos privados;
12. Fundos de investimento;
13. *Factoring*.

COMO CONSEGUIR CAPTAÇÃO 3

Em todos os casos, o empreendedor precisará ter desenvolvido um bom plano de negócio e fortes argumentos que sustentem as respostas a quaisquer perguntas que venham a ser feitas pelo potencial investidor e que envolvam não apenas as questões financeiras do empreendimento, mas também os seus diferenciais competitivos e os fatores críticos de sucesso.

OS PRIMEIROS PASSOS

Todo empreendedor tem a própria história sobre como levantou capital para seu negócio. Via de regra, em algum momento (independente da forma como conseguiu) esse empreendedor basicamente passou pelos estágios que já listamos.

Mas você já parou para pensar em o que não fazer e o que não dizer ao investidor? Alguns pontos com os quais você precisa ter cuidado e que estão condicionados a tudo o que discutimos até aqui são:

- Não ter pesquisado informações sobre o investidor para quem está apresentando;
- Não saber seus KPIs e suas métricas;
- Não conhecer siglas usuais no mercado ou na indústria em que atua;
- Não conseguir explicar as premissas de suas projeções financeiras;
- Achar que não tem concorrência;
- Falar que outros investidores já deram aprovação verbal quando eles só demonstraram interesse, mesmo que forte;
- Falar que fechará a rodada no final do mês, quando isso não é verdade;
- Citar parceiros, clientes e conselheiros que não existem de fato;
- Ser evasivo ao responder às perguntas sobre um número ou um fato específico;
- Falar que o produto está pronto, mas não fazer uma demonstração.

Como alertado neste livro, o relacionamento de investimento deve ser baseado em confiança mútua desde o início. Por isso, é comum investidores deixarem de investir em uma oportunidade boa por causa de um pequeno deslize ou uma mentira. Mesmo que o cenário seja ruim por qualquer motivo, falar a verdade é o mínimo que o investidor vai esperar de você.

OS PRINCIPAIS PASSOS PARA A OBTENÇÃO DE INVESTIMENTO

Quando observo alguns investimentos realizados por colegas, sempre me pergunto os porquês e qual o sentido daquele negócio. Esse exercício é para entender as TESES DE INVESTIMENTOS utilizadas, até porque as teses que eu segui e defendi até bem pouco tempo atrás já são outras. Não que eu tenha errado na maioria das vezes, muito pelo contrário, acertei muito mais que errei, mas é porque o meu momento, a minha experiência e o mercado mudaram.

É por conta dessa variação que entendo que a tese de investimento deve ser alterada ao longo do tempo conforme o momento e os interesses. Além disso, a tese deve ser observada sempre aliada a uma ESTRATÉGIA DE INVESTIMENTO que englobe outros pontos e fatores de filtro, e não como uma regra fixa inalterável.

E as startups precisam estar muito atentas à tese de investimento de cada investidor antes de entrar em contato com ele. As chances de acertar aumentam potencialmente se você abordar o investidor que tenha interesse no perfil de seu negócio.

É claro que todos os investidores devem ter uma regra básica sobre o que querem e no que pretendem investir, mas uma estratégia depende de variáveis que são proporcionais a vários aspectos, como áreas e segmentos que não são atrativos no momento econômico, capacidade de investimento, regionalização, entre muitos outros pontos.

O segredo do sucesso de muitos negócios está na percepção e na curiosidade do empreendedor em conhecer as necessidades não atendidas nos mercados e em desenvolver produtos e serviços que atendam a essas necessidades, ou seja, está na captura de oportunidades. Essa poderia ainda ser uma boa definição do que eu entendo como inovação.

Mas o que eu quero dizer com isso? Um investidor desenvolve certos parâmetros para montar sua tese antes mesmo de entrar nesse tipo de investimento de risco. Isso evita e filtra muitas ofertas e supostas oportunidades de investimento. O desenvolvimento de teses de investimento tem sido um exercício fascinante para mim. Você pode até pensar

COMO CONSEGUIR CAPTAÇÃO 3

que formular teses no ambiente de incertezas como no de startups é uma loucura, no entanto eu digo que não: é exatamente por ser de alto risco que você deve ter uma.

Quando um investidor publica sua tese, ele já aplica um filtro natural nos projetos que os empreendedores apresentam a ele e nas demandas por investimento. Os pontos que os investidores elencam e definem em suas teses e que os empreendedores precisam conhecer e sobre os quais se informar são (e, como já disse, é preciso ter na ponta da língua as informações sobre seu negócio antes de abordá-lo):

Básicas
- Valor a investir;
- Segmento de mercado;
- *Market Fit*;
- Modelo de Negócio;
- Monetização;
- Validação;
- Inovação;
- Time (composição, comprometimento, execução e união);
- Estágio do projeto;
- Escalável;
- Demosntração do Resultado do Exercício (DRE);
- *Equity*;
- Barreiras;
- *Pitch deck*.

Moderadas
- Tração;
- *Track record* dos empreendedores;
- *Valuation*;
- Vendas + custo de aquisição de clientes;
- Opções de saída;

- Riscos;
- *Burn rate*;
- Aceleradas;
- Habilidades e convivência social do fundador.

Avançadas
- *Previous investor*, sim? Se sim, quem e quanto?
- Coinvestimento;
- Termos de investimento;
- Disruptiva;
- Retorno do investimento e prazo;
- Agrega valor e é sinérgico ao meu portfólio;
- Possibilidade de disponibilizar APIs para terceiros;
- É global, possibilidade de *flip*?
- Participar de conselho;
- Relevância;
- Propósito e porquês definidos.

É claro que existem outros pontos, apenas citei esses como exemplo, pois são os que eu considero na análise.

Pois bem, investir não é ter uma bola de cristal. Ninguém sabe de antemão qual será a melhor startup e o melhor retorno do investimento, mas sabemos previamente o que podemos, o que queremos e, claro, o que evitamos. Quando se tem uma ESTRATÉGIA baseada em uma TESE prévia, o caminho fica mais fácil para ser assertivo na escolha e prever possíveis erros de investimento. A experiência conta muito, então, se for possível, analise e siga também a tese de investimento de um investidor-anjo experiente. Tomar decisões vendo pelo retrovisor (mesmo que dos outros) é mais fácil do que olhando à frente (mesmo que você use um potente binóculo).

Então, só para deixar como exemplo, registro aqui minha TESE DE INVESTIMENTO: eu invisto em modelos de negócio B2B ou B2B2C; que sejam inovadores, digitais e escaláveis; que resolvam problemas existentes de forma específica; que sejam relevantes socialmente; que os empreendedores sejam humildes e especialistas no negócio envolvido; com mais de um ano de vida, que já esteja validado, operando, faturando (mesmo que pouco) e no *breakeven* (ou com visão clara para chegar nele); preferencialmente que tenha recebido investimento-anjo ou tenha sido acelerado; estejam nos segmentos de Retailtech, Edutech, Lawtech, Healthtech, Autotech, Fintech, Insurtech, Agrotech, soluções para PME e softwares como solução para mercados específicos; não invisto em negócios de governo, e-commerce (que vendam produtos), games ou hardware e que concorram diretamente com as startups que já estão no portfólio; além disso, dou preferência a modelos de negócios sinérgicos ao portfólio e cujo Plano de Negócio e DRE façam muito sentido; que sejam visíveis as opções de saída; que o investimento seja feito, se possível, por meio de coinvestimento com anjos com competências complementares.

Caso ainda se sinta inseguro ou confuso em relação a alguma das etapas descritas, uma solução é ter um conselheiro (também chamado de *advisor*), um profissional experiente que possa orientá-lo no desenvolvimento de todas essas etapas em troca de uma pequena participação no negócio; o conselheiro pode ser inclusive um investidor-anjo, que posteriormente pode até se tornar o investidor-líder de sua startup. Com essas etapas cumpridas, o empreendedor estará pronto para iniciar a busca, a apresentação e a negociação com potenciais investidores para sua startup, lembrando que essa busca é mútua – afinal, serão sócios.

COMO CONSEGUIR DINHEIRO PARA VALIDAR E OPERAR?

No ecossistema de startups, temos vários tipos de investimento diferentes que acontecem conforme o estágio de seu negócio, mas aqui vou focar no investimento em uma startup antes mesmo do *early stage*, aquele primeiro investimento que geralmente é feito por um familiar, amigo ou investimento-anjo (quando o empreendedor faz *bootstrap*).

O objetivo é responder algumas perguntas frequentes de empreendedores em fase inicial, como:

- O que preciso fazer para o investidor se interessar?
- Quem são os possíveis investidores e como apresentar minha startup?
- E, no final, o que todos querem saber é como conseguir investimento para minha startup?

Antes de mais nada, quero deixar claro que essa é minha opinião e minha experiência com startups. Não existe fórmula mágica para conseguir investimento e esse não é um processo linear, muito pelo contrário. Você vai receber vários NÃOs em sua caminhada, mas uma das características principais do empreendedor é a persistência. E isso significa que você deve entender o porquê que está por trás do NÃO e melhorar. Os princípios abaixo vão ajudar a diminuir as respostas negativas e aumentar suas chances de conseguir o primeiro investimento para sua startup, mas nada é garantido!

Não existe fórmula mágica para conseguir investimento e esse não é um processo linear, muito pelo contrário. Você vai receber vários NÃOs em sua caminhada, mas uma das características principais do empreendedor é a persistência. E isso significa que você deve entender o porquê que está por trás do NÃO e melhorar.

Sócios complementares

Você já deve ter ouvido falar que o time da startup importa mais que a ideia certa? Se ainda não sabe disso, leia a seguir sobre como construir um time forte para sua startup.

Nesse ponto, o investidor vai olhar primeiro para quem são as pessoas por trás do produto, pois ele estará confiando o dinheiro dele a elas. E, se essas pessoas não forem capazes de executar o negócio e tomar as decisões necessárias para fazer esse montante retornar com lucro no final do dia, quem seria louco de queimar dinheiro?

Você pode ouvir falar em investimento de impacto, em causar mudança e tudo o mais. Mas o objetivo principal de um investidor é retornar seu investimento multiplicado por pelo menos 10. Ele está investindo em uma star-

COMO CONSEGUIR CAPTAÇÃO 3

tup, algo extremamente volátil e de alto risco, então esse risco precisa ser compensado, senão ele estaria investindo em ações na Bolsa ou imóveis.

Não estou dizendo que o impacto não é um objetivo, porém, não é o único e muito menos o principal comparado ao retorno sobre o investimento (ROI). Mas o que faz o investidor colocar esse dinheiro de alto risco em uma startup? O primeiro fator observado é o time.

E como estamos falando de startups que buscam seu primeiro investimento, seu time é você e seus sócios. E, para aumentar suas chances, os sócios devem ser complementares. Complementares no sentido técnico, mas também comportamental. Não adianta ter apenas um cara de marketing, um de vendas e um de produto. Se nenhum dos três tem iniciativa ou adaptabilidade como características comportamentais, o time não é tão complementar assim.

Eu sei que, assim como no casamento, sócio muitas vezes não se escolhe, o "amor" acontece; nesse caso, não é amor, mas a visão que se encaixa e a sinergia que faz as primeiras ações acontecerem.

Entretanto, faça uma análise pessoal e individual sua e de seus sócios (para entender como se complementam e qual perfil está faltando para completar o time). Com isso, pode surgir uma ação de buscar um novo sócio ou simplesmente de se reorganizarem, para cada um focar em tarefas que tenham sinergia com seus pontos fortes.

Entender a fundo a complementaridade dos sócios e o que falta ajuda tanto na execução do negócio quanto em uma etapa posterior que vamos falar mais adiante: a apresentação para investidores. Conhecendo suas fraquezas, fica mais fácil até mesmo selecionar o investidor que mais se encaixa nas necessidades do negócio.

De maneira objetiva, pergunte-se se você e seus sócios têm as seguintes características: habilidades com marketing e vendas, capacidade de entregar o que vende, análise de métricas e aprendizados, gestão financeira, gestão de pessoas, adaptação, sabe ouvir as necessidades dos clientes.

Para rodar um negócio, é necessário muito mais que sete aspectos, mas, se os fundadores não têm alguma das habilidades citadas anteriormente, considere buscá-la em novos sócios ou adquiri-la por conta própria.

Você é um empreendedor solitário e lhe falaram que para rodar um negócio precisa de sócios? Isso é mito.

É claro que sócios ajudam, pois você não é um empreendedor completo. Mas é melhor começar sozinho e ter a vontade e a capacidade de adquirir as competências de que precisa que convidar as pessoas erradas para fazer parte de sua equipe. Já falamos disso em nosso post de como montar times.

No final do dia, o que importa para o investidor é sua capacidade de executar e de gerar resultados conforme os feedbacks dos clientes e do mercado. Não importa se você é sozinho ou não. No pior dos casos, com dinheiro (e os conhecimentos certos de recrutamento/seleção) você contrata.

Mas, se você está incorporando sócios em seu projeto, uma dica final: 3 é um número mágico.

Validação

Agora que você já tem os sócios certos, chegou a hora de validar:

1. **O Problema/a Necessidade que importa na vida de seus usuários:** esse problema é comum em um universo de 100 pessoas que são seus *early adopters*?
2. **Uma Solução Mínima que resolva o problema de seus usuários e os faça amar seu produto:** seu Minimum Viable Product (MVP) foi utilizado por pelo menos 100 pessoas ou 10 empresas, e 40% delas ficariam desapontadas se ele não existisse?
3. **Um Modelo de Receita Lucrativo:** sua solução está monetizando mensalmente e tem potencial de crescimento da receita? Mesmo se não estiver dando lucro hoje por causa de investimentos em aquisição de usuários e tecnologia que estão sendo feitos, no médio prazo o modelo se prova lucrativo? Está faturando 10 mil reais por mês?

Dica: os números acima são apenas uma base e podem mudar de negócio para negócio, mas é o mínimo que você deve estar fazendo para provar que vale a pena investir em seu negócio. Se não estiver atingindo esses números, faça uma reflexão dos porquês e continue trabalhando duro para alcançá-los. Isso vai diminuir a possibilidade de um NÃO de possíveis investidores.

Tração

Vamos falar adiante, mas por ora podemos entender tração como o ritmo de crescimento que seu negócio está alcançando. Por exemplo, se você estiver adquirindo um novo cliente ou dez novos usuários por mês, ainda não é sinal de tração, pois o ritmo de crescimento é muito baixo. Além disso, se você está colocando muito esforço/investimento para conquistar esses poucos clientes/usuários, significa que algo está errado, e vale a pena conferir se você encontrou mesmo o *Product Market Fit*. Mas se sua startup estiver crescendo organicamente em um nível acelerado, de modo que você não está conseguindo entregar sua solução na mesma proporção que novos clientes estão sendo adquiridos, aí, sim, seu negócio está tracionando.

O que você precisa mostrar é que sua startup é viável e que pode apresentar para o investidor que o dinheiro investido no crescimento será retornado em receita e lucro para o negócio em X tempo. E olha que interessante esse ponto: isso significa que, mesmo com o fluxo de caixa da empresa ficando no negativo e a startup estando no "Vale da Morte", o que mais importa é que existe um plano coerente e com premissas validadas que prevê o *breakeven* e o retorno do investimento no longo prazo. Isso é o que importa para o investidor, e que você como empreendedor precisa ser capaz de demonstrar para ele.

3 Ts (Team, Technology, Traction)

Se quisermos resumir os aspectos principais que vão aumentar as chances de sua startup conseguir um investimento-anjo, podemos encaixá-la nos 3 Ts, que na prática significa que sua startup é composta de sócios complementares e competentes, tem uma tecnologia condizente com uma necessidade real de mercado e que o negócio está crescendo em um ritmo acelerado e que você já descobriu os canais que trazem um crescimento viável. Se você estiver satisfeito em relação aos 3 Ts, está na hora de ir atrás de investidores.

Com respostas positivas para essas perguntas, o próximo passo é encontrar os investidores-anjo e saber apresentar sua startup de maneira que cause interesse para o início de um relacionamento com o investidor.

Vimos no capítulo 2, na seção "Os anjos estão por toda parte, como conseguir um?", dicas iniciais para ajudá-lo na busca pelo investidor-anjo. Releia a seção e siga as quatro dicas que apontei.

POR QUE VOCÊ AINDA NÃO CONSEGUIU CAPTAÇÃO?

É claro que para responder à pergunta acima vários fatores provavelmente se unem. Alguns empreendedores têm medo de perder seu negócio, e eu direi até que é um medo natural. O problema é que essa mentalidade cria um conjunto de distorções que chegam, com o tempo, a serem absurdas, como *valuations* estratosféricos e, claro, insucesso na busca de investimentos. Por mais óbvio e redundante que seja para alguns, na cabeça do empreendedor é preciso estar claro o fato de que não há como receber um investimento sem entregar em troca um percentual de sua empresa.

O fato é que, quando alguém investe em alguma coisa, o que ele mais deseja é que essa coisa dê certo! Por isso as cobranças, às vezes os atritos etc. Há investidores que são mais maleáveis e outros, menos. E precisamos aprender a conviver com isso. Não existe uma fórmula para descrever esses perfis, mas para se dar bem nesse sentido é preciso no mínimo tentar desenvolver um relacionamento saudável e pautado pela confiança mútua.

Se você já teve uma experiência ruim com um investidor antigo, esqueça e tente recomeçar do zero. Use a comunicação e a transparência como base, não existe nada mais forte em um relacionamento de investidor e investido que a confiança. E sabe por quê? Quando somos transparentes, demonstramos um bom caráter. Quando nos comunicamos, demonstramos que nos importamos não apenas com o dinheiro do investidor, mas com a pessoa que representa esse investimento. É algo simples, mas que ajuda bastante a manter uma relação ao menos amistosa entre as partes.

Ter um bom *fundraiser* no time da startup focado em tudo que acabou de ler ajuda muito. O *fundraising* é o conjunto de estratégias e procedimentos desenvolvidos para angariar investimentos. A expressão advém de *fund*, que significa fundo ou capital em inglês, e de *to raise*, que significa aumentar, despertar ou levantar. Embora não existam fórmulas mágicas para se tornar um *fundraiser* de sucesso, isso exige competências, habilidades e conhecimento dos requisitos que facilitam o caminho para captar investimento. Entender de marketing, relacionamento, gestão e vendas são as competências necessárias para ser um bom *fundraiser*. A atividade de captar deve ser contínua e permanente em qualquer startup.

Para manter esse relacionamento ativo e "vivo", lembre-se de enviar atualizações ao menos uma vez por mês com os principais pontos e avanços. Transparência e boa comunicação nunca é demais, nunca subestime o smart money: utilize-o a seu favor!

Você conhece todas as modalidades de investimento? Procurar no lugar certo é, sem dúvida, o primeiro passo para conseguir alcançar seu objetivo. Conheça os passos seguintes:

- **Seed money ou capital-semente**
  É o passo seguinte após o investimento-anjo. Geralmente, os fundos de investimentos consideram cheques entre 300 mil e 500 mil reais. O mais comum nesse estágio é vermos startups segurarem sua diluição para até 30%, e não mais que isso, pois ceder mais que 30% nesse estágio pode acabar gerando um problema para levantar seu primeiro Série A.

- **Séries A, B, C etc.**
  O nome Séries A, B, e assim por diante, nada mais é que uma nomenclatura para ajudar a entender em qual rodada de investimento a startup está. O que é importante ressaltar aqui é que, quando uma startup chega a esse ponto, o *venture capitalist* costuma aportar valores bem mais significativos que vão desde 1 milhão a dezenas ou centenas de milhões de reais.

- **IPO ou Oferta Pública Inicial**
  Esse é, infelizmente, o ponto aonde poucos acabam chegando em decorrência de erros em etapas passadas que levam à "morte" ou à estagnação do projeto. É quando o capital da empresa é aberto na Bolsa de Valores. A partir desse momento, qualquer pessoa pode comprar ações de sua empresa.

SUA STARTUP É INOVADORA? QUEM DISSE?

Escolhi tratar de um tema no mínimo instigante, pois, como costumo dizer, medir inovação é uma das tarefas mais difíceis que existem.

Não estou dizendo isso para desanimar ninguém, muito pelo contrário. Saber lidar com a realidade, suas possibilidades e seus desdobramentos é fundamental para o desenvolvimento e o sucesso de seu negócio. Existe ainda outro ponto fundamental em todo esse processo: não tem como saber exatamente que sua ideia é uma inovação até que você consiga colocá-la em prática e testar seus resultados.

Lembre-se ainda de que o grau de inovação pode ser subjetivo. Para mim, por exemplo, inovação é também fazer a mesma coisa de maneira diferente ou melhorar o que já existe, como mencionei no capítulo anterior. Portanto, isso significa que uma pessoa que conhece mercados e vivências diferentes poderá afirmar com mais certeza que a ideia de um empreendedor não é inovadora, dado que ela pode ter visto abordagens, problemas, processos, produtos e serviços que o empreendedor aparentemente desconhece. Dessa forma, a pesquisa e a validação abrangente se tornam um dever de casa diário para aqueles que de fato pretendem surpreender de modo positivo o mercado e oferecer algo realmente inovador.

Outra dica importante é para o momento de apresentar seu negócio, seja para um cliente, seja para um potencial investidor. Evite usar a palavra inovador no seu *pitch deck*, ou seja, a apresentação objetiva de seu negócio/projeto, pois não é você que o tem que rotular como inovador. Apenas descreva o que você faz, quais problemas seu negócio resolve, seus diferenciais e suas características, e deixe para quem lê ou ouve decidir. Afinal, ser inovador é essencial e condição de sobrevivência hoje em dia.

IDEIAS SÃO SÓ IDEIAS!

Com toda a certeza, você em algum momento já pensou que o sucesso de um negócio depende única e exclusivamente de uma ideia de negócio brilhante. Ter aquela ideia revolucionária, disruptiva ou pensar em algo que ninguém pensou antes infelizmente não garante o sucesso de um negócio. E é fácil ex-

COMO CONSEGUIR CAPTAÇÃO 3

plicar o porquê. Por exemplo, muitas empresas ganham mercado e se tornam líderes apenas fazendo o que seus concorrentes já fazem, porém de maneira mais eficiente.

O segredo do sucesso de muitos negócios está na percepção e na curiosidade do empreendedor em conhecer as necessidades não atendidas nos mercados e em desenvolver produtos e serviços que atendam a essas necessidades, ou seja, está na captura de oportunidades. Essa poderia ainda ser uma boa definição do que eu entendo como inovação. Ou seja, propor novas formas de processos e fazer as mesmas coisas de forma diferente também podem ser consideradas inovação.

CAP TABLE E DILUIÇÃO

Cap Table é um documento que apresenta quem são os sócios e os investidores da empresa e quanto de participação cada um tem. O termo é uma abreviação de *capitalization table* e trata-se de uma simples tabela na qual são descritos quem são os acionistas de uma empresa, detalhando qual é o percentual de participação real de cada um deles no negócio em cada rodada de investimento.

Deixar atualizada e saber como gerenciar a *cap table* é muito importante, pois organiza de forma transparente a participação de cada sócio, as rodadas de investimentos e as diluições proporcionais em cada rodada.

Um quadro societário desequilibrado gera muito problema para conquistar um investidor profissional. A diluição dos fundadores em cada rodada deve ficar no máximo em 20%. Claro que quanto menos você diluir, melhor. Em alguma rodada estratégica, é possível que você tenha que diluir um pouco mais. No entanto, usando uma planilha Excel de *cap table* é possível fazer simulações de participações para analisar o *valuation* e até quanto você e os atuais sócios estariam dispostos a fazer uma diluição no percentual de cada um.

Uma startup tem que ter uma *cap table* sempre atualizada principalmente se estiver buscando investimentos, até porque esse é um dos documentos que o investidor vai solicitar ao empreendedor.

Em suma:
1. Tenha total certeza do estágio em que seu negócio está;
2. Tenha total conhecimento dos tipos de investimento e de qual serve para você;
3. Tenha os números e o andamento de seu negócio na ponta da língua – esteja preparado;
4. Nunca deixe de estudar e de estar integrado ao ecossistema à sua volta;
5. Organize sua *cap table*;
6. Dê um passo de cada vez, mesmo que seu negócio esteja tracionando e alcançando números expressivos; não tente abraçar o mundo com as pernas. A melhor forma de crescer é pelo crescimento sólido, estruturado e consciente.

Ao pensar em iniciar um negócio próprio, a maioria dos futuros empreendedores vê como única fonte de recursos os empréstimos bancários. Mas existem muitas outras formas de financiar seu negócio sem a necessidade de pagar os elevados juros às instituições bancárias. Ser o próprio patrão, ter mais tempo para a família, ascender social e economicamente, enfim, existem inúmeros motivos que fazem as pessoas pensarem em abrir um negócio próprio. Em muitos casos, empreender se torna uma necessidade, como após uma demissão repentina. A verdade, porém, é que nem todas as pessoas serão empreendedores de sucesso. Tenha certeza de que esse é o caminho que você pretende seguir antes de iniciar sua jornada, pois ela será longa e árdua. No entanto, poderá ser muito gratificante.

Cabra-da-montanha

Quem me conhece e acompanha minhas palestras e meus artigos sabe que defendo que todos nós devemos PENSAR ANDANDO E PRATICAR APRENDENDO. Você já viu ou leu algo a respeito das cabras que se arriscam e escalam paredões de 50 metros na Itália? As cabras-da-montanha vão subindo aos poucos para alcançar seu objetivo, que é lamber as pedras por conta dos sais minerais. Além disso, elas buscam refúgio em alturas elevadas para se proteger dos predadores.

COMO CONSEGUIR CAPTAÇÃO **3**

É possível fazer uma analogia entre essas cabras e as startups/os empreendedores brasileiros. Note que a maioria dos novos negócios estão andando devagar e se arriscando para conquistar seu objetivo maior. E por que não dizer que empreender pode ser interpretado como uma forma de "fugir dos predadores"?

Pergunte a qualquer empreendedor de sucesso qual foi a decisão mais importante que ele tomou em sua trajetória. Com certeza ele dirá que foi ter deixado o conforto de seu emprego para investir tempo e dinheiro em seu projeto. Muitas pessoas consideram arriscado essa atitude de deixar um bom emprego para ser dono da própria empresa. Mas, na verdade, empreender não é mais nem menos arriscado do que ter um emprego, trata-se de riscos diferentes.

Como empreendedor, você corre o risco de ver o negócio não dar certo, perder o capital investido e ter que recomeçar. Como empregado, você corre o risco de ser demitido a qualquer momento e ter que buscar uma nova colocação. Afinal, não existe emprego com estabilidade.

Se quiser produzir, trabalhar ou empreender, ponha em prática o que está aprendendo na teoria, você vai ver que seu diferencial competitivo estará ampliado no curto prazo, além de, é claro, adquirir vivência no ramo e ritmo de jogo.

A NOVA FASE DO *CROWDFUNDING*

Já temos no Brasil acesso a mais um modelo de captação de recursos para startups, o *equity crowdfunding*, ou *crowdequity*. Esse modelo nada mais é que um investimento coletivo no capital de uma empresa. Diferente do modelo tradicional em que é preciso buscar um ou mais investidores-anjo, no *equity crowdfunding* é possível criar uma campanha e vender títulos de sua empresa para diversos contribuintes (nesse caso, investidores) que apostam em sua ideia de negócio.

Ao longo de minha trajetória, participei de inúmeros projetos e presenciei várias campanhas de sucesso, outras infelizmente nem tanto (o que a gente aprende com a experiência que também é normal e faz parte do processo). Pensando nisso, resolvi fazer um passo a passo para ajudar os empreendedores que precisam captar por essa modalidade, independentemente de qual plataforma opte por usar. São dicas práticas que podem ajudar a dar um novo direcionamento para seu negócio e sua captação.

Dez passos *para uma campanha de sucesso no equity crowdfunding:*

1. Se precisa mesmo dessa rodada de investimento, analise os prós e os contras de ter investidores em sua jornada. O ideal é pesquisar muito bem antes e avaliar a real necessidade do negócio. Muitas vezes a startup não precisa de investimento externo, o recurso para tocar o negócio pode ser proveniente de vendas, ou seja, do resultado do próprio negócio. Sugiro a seguinte reflexão: Preciso expandir rápido? Preciso de dinheiro para alçar outros voos e não consigo da maneira que estamos posicionados hoje? Se a resposta for sim para as duas perguntas, aí então você é um candidato a buscar uma rodada externa de investimento.

2. Faça uma pré-campanha antes do lançamento da oferta: faça uma *landing page* própria com informações "atraentes" sobre a startup para uma pré-campanha, como se fosse uma apresentação para os investidores. Não se esqueça de que para vender uma ideia (por mais incrível que ela seja em sua cabeça) você precisa apresentá-la. E para isso contar com recursos disponíveis de comunicação é fundamental: capture o e-mail dos possíveis interessados também. Deixe à disposição o compartilhamento e faça uma divulgação pelas redes sociais (sobretudo o LinkedIn) para atrair as pessoas para essa possibilidade. Durante o processo, observe a repercussão e as dúvidas para sentir a receptividade sobre essa intenção.

3. Organização da empresa: outro fator importante para o sucesso de sua empreitada é certificar-se de que a empresa está regularizada, com impostos em dia, os balancetes ou o balanço contábil registrado, enfim, os documentos todos em mãos. Se tiver um sistema de gestão financeira (ContaAzul, por exemplo), é essencial que ele esteja 100% atualizado. Prepare um *deck* mais completo para investidores interessados, em especial faça uma planilha DRE com todas as informações de receitas e despesas para os próximos

COMO CONSEGUIR CAPTAÇÃO 3

anos. Esse quesito precisa estar impecável dentro do esperado. Afinal, as chances de alguém querer investir em um negócio "duvidoso" é muito menor. Não dê sorte ao azar.

4. Escolha a plataforma de *equity crowdfunding* ou *CrowdEquity*: no Brasil, a cultura de investimento e desenvolvimento de startups tem avançado de modo gradativo, e felizmente já temos algumas plataformas como a www.StartMeUP.com.br e outras. Elas são muito similares, a diferença entre elas é o modelo de negócio, uma vez que cada plataforma tem uma maneira distinta em seus termos e nas cobranças aos empreendedores e aos investidores. Por isso, minha sugestão é que os interessados em captar e investir via *equity crowdfunding* conheçam todas as plataformas e leiam os regulamentos. Lembre-se de que essa é uma escolha que vai influenciar e muito seu futuro. A plataforma escolhida será de certa forma seu maior e melhor parceiro (ou não), por isso a escolha tem que ser muito consciente e objetiva.

5. Prepare o ambiente na plataforma: depois de escolhida a plataforma, eleja um líder, ou seja, um investidor ou um mentor que possa dar um aval ao seu negócio e à sua captação. Essa pessoa precisa ser escolhida a dedo porque é ela que vai ser fundamental na hora da captação. Aliás, parte do sucesso ou do insucesso de uma rodada acontece em função desse líder. Na sequência, escreva um perfil bem interessante na plataforma. Quando digo interessante quero dizer atraente mesmo: conte sua história; coloque todas as informações úteis que achar prudente; uma apresentação, um sumário executivo, fotos, vídeos, site, onde vai usar o dinheiro solicitado, quais são as possibilidades de saída; disponibilize métricas, gráficos e trações que possam mostrar o desempenho do negócio; apresente seus principais parceiros, seus mentores, seus investidores de rodadas passadas, seus parceiros e seus clientes estratégicos; disponibilize informações como *burn rate*, receita mensal média, porcentagem retida pelos fundadores; e outras informações, além é claro da minuta do contrato. Lembre-se de que nem sempre você poderá

defender sua ideia pessoalmente e que a maioria vai receber informações sobre seu negócio, por isso quanto mais informação, melhor.

6. Decida se quer uma rodada privada ou pública: uma questão importante e que precisa ser definida antecipadamente é o fato de que algumas empresas não querem tornar pública sua captação. A opção por abrir os detalhes de sua rodada apenas para investidores selecionados pelos fundadores chamamos de rodada PRIVADA.
É preciso saber também que, caso decida alcançar um público maior, a chamada deve ser ABERTA ou PÚBLICA e seu material deve ser submetido à apreciação da Comissão de Valores Mobiliários (CVM), que regula a atividade no Brasil para a dispensa de registro.

7. Estratégia de lançamento: depende do rumo que você resolveu dar, se é oferta pública ou privada. Aqui cabe uma atenção redobrada: Qual é o *valuation*? Para quem vai oferecer primeiro? Quanto quer captar?, entre outras coisas que serão fundamentais para o êxito. Minha dica nesse momento é que você só coloque no ar para captação um valor possível de ser alcançado em trinta dias. Mesmo que não seja o valor ideal de que está precisando (e na sequência amplie e continue a captação), essa é uma questão de visibilidade, exposição e estratégia mesmo. Converse sempre com a plataforma escolhida, com especialistas experientes e com seu líder/âncora do investimento.

8. Lançamento da oferta pública: nesse momento, todo o seu esforço vai ser para angariar investidores. A plataforma tem obrigação de ajudar nessa divulgação (por isso mais uma vez afirmo que essa escolha vai influenciar todo o andamento de seu negócio). Aliás, seus atuais clientes também podem se transformar nos investidores da rodada.

Alguns pontos importantes:
- Use a base de contatos e clientes para divulgar a campanha e vá adicionando novidades no perfil, não o deixe estático. Conhecimento,

COMO CONSEGUIR CAPTAÇÃO 3

dinamismo e informações relevantes nunca são demais. Atualize regularmente o perfil de seu negócio com novas métricas que demonstrem seu progresso;
- Use as redes sociais. Facebook, LinkedIn e Twitter são veículos que contam com a ferramenta de compartilhamento para ajudar sua campanha a se espalhar. Quanto mais compartilhamento, melhor;
- Poste no Twitter algumas vezes por dia, responda os tuítes que mencionam seu usuário e compartilhe os que falam a respeito da campanha. Sua página ficará mais interativa. Não deixe de responder às pessoas que se dispuseram a falar de seu negócio e sua iniciativa;
- Crie um evento no Facebook que reúna todos os seus amigos e peça para que convidem seus amigos também. Assim, você junta um número grande de pessoas no mesmo lugar para falar sobre a campanha, posta as atualizações sobre o andamento do projeto e, assim, terá um canal exclusivo para falar diretamente com quem está interessado e já confirmou presença;
- Tente contato com pequenos veículos de imprensa, como revistas e jornais locais ou segmentados (que abordem seu tema). O ideal aqui é preparar um *release* bem elaborado para enviar aos jornalistas e aos veículos;
- Mande e-mails direcionados um a um, ou seja, nada de cópia oculta ou um único disparo para investidores qualificados informando por que sua oferta é irresistível. Isso significa que o e-mail precisa ser direcionado e não impessoal, com cópia oculta para mil pessoas. Falar direto com alguém faz toda a diferença entre o leitor ter interesse em abrir ou não um e-mail;
- Participe de eventos no período da captação, afinal, "quem não é visto não é lembrado";
- Converse sempre com os gestores da plataforma para pedir engajamento;
- Use gatilhos mentais na comunicação.

9. Faça um vídeo: além de seu *pitch*, elabore um vídeo curto no qual mostre a equipe, seu ambiente de trabalho, conte um pouca de sua história e

apresente seus pontos fortes. Essa é uma estratégia eficiente e que passa muita confiança.

10. Trabalhe sem parar: lançar uma campanha para buscar uma rodada de investimento não é subir um perfil em uma plataforma, deixar na mão dela e achar que a captação será um sucesso. Não é assim que funciona, você precisa VENDER e muito, estar disponível para calls e para pensar e respirar 24 horas seu negócio.

FUNDOS DE INVESTIMENTOS

Para ajudar a definir, consideremos que os fundos de participação são condomínios fechados, administrados, em geral, por gestores independentes. Eles têm duração predefinida em regulamento, um prazo que pode chegar a até dez anos. Tudo é regulamentado e supervisionado, no caso dos fundos brasileiros, pela CVM (www.cvm.gov.br), com base na instrução CVM número 209 e respectivas alterações (Fundos de Participação em Empresas Emergentes, ou FMIEE) e na instrução CVM número 391 e alterações posteriores (Fundos de Investimento em Participações, ou FIP). Os fundos devem vender suas participações nas empresas investidas nos prazos previstos nos regulamentos e retornar os valores aos seus investidores.

Em relação à operação, primeiro eles captam recursos. Depois, prospectam as empresas que podem ser alvo de seus investimentos e selecionam as mais promissoras. Daí começa uma fase de análise e negociação das condições de investimento, até ocorrer realmente o aporte de recursos. Há então todo um período de acompanhamento da empresa investida pela gestora. Ao surgir uma boa oportunidade, os fundos vendem suas participações, fazendo o chamado "desinvestimento", para poder devolver o capital e o lucro aos investidores, recebendo uma remuneração pela performance obtida em seus investimentos.

A seleção de empresas por parte dos fundos de *private equity*, *seed* e *venture capital* leva em conta não só a tese de investimento do fundo, mas também uma série de conceitos básicos da indústria:

COMO CONSEGUIR CAPTAÇÃO 3

- Perfil do empreendedor e da equipe – o empreendedor tem que ter experiência e conhecimento do setor, dedicação integral ao negócio, garra e vontade de crescer, formação compatível, e, se houver sócios, que tenham conhecimentos complementares; deve ainda ter vontade de firmar parcerias e ter novos sócios e uma predisposição de venda de sua participação, se houver uma boa oportunidade. A equipe empreendedora e os sócios devem estar alinhados quanto à decisão de buscar um investidor estratégico ou financeiro e de abrir mão de uma participação acionária;
- A inovação do negócio, seja no processo, na estratégia comercial e no marketing, seja no modelo de negócios e na tecnologia do produto;
- O diferencial do negócio – o produto ou o processo deve ter o máximo de características proprietárias e de inovação, para diferenciá-lo de seus concorrentes e permitir vantagens competitivas explícitas, identificando com clareza a lacuna que aquele negócio preenche;
- O mercado em que a empresa está inserida deve ser grande o suficiente para suportar a entrada de uma nova empresa com potencial de crescimento e razoável participação para ocupar um espaço da concorrência.

Assim, antes de partir em busca de um fundo, é preciso avaliar se sua empresa preenche esses requisitos.

CORPORATE VENTURE - UM NOVO TIPO DE PARCERIA

Com iniciativas que vão de competições de *pitches* a ciclos de aceleração, os projetos de inovação patrocinados por corporações tornaram-se uma importante fonte de recursos para empresas em estágio inicial. Disponíveis para empreendedores de todos os setores, os programas de *corporate venture* têm como foco startups com soluções que possam ser integradas às companhias que os apoiam. Ainda em fase de consolidação no país, o *corporate venture* passou a assumir um papel antes destinado às aceleradoras independentes: financiar e alavancar negócios em fase pré-operacional. O mercado corporativo ainda está descobrindo como interagir com o ecossistema de startups. A tendência é que as iniciativas se tornem cada vez mais assertivas.

Grandes corporações começam a entender que startups são alternativas interessantes para apoiá-las em seu processo de transformação. Embora o interesse seja crescente, os desafios para uma startup atender grandes empresas ainda são consideráveis. Integrações com sistemas já existentes, envolvimento de diversas áreas de tecnologia e negócios, políticas de compra, segurança da informação, níveis de atendimento e suporte, são algumas das barreiras que as startups enfrentam ao entrar no mundo do empreendimento.

Grandes corporações começam a entender que startups são alternativas interessantes para apoiá-las em seu processo de transformação. Embora o interesse seja crescente, os desafios para uma startup atender grandes empresas ainda são consideráveis. Integrações com sistemas já existentes, envolvimento de diversas áreas de tecnologia e negócios, políticas de compra, segurança da informação, níveis de atendimento e suporte, são algumas das barreiras que as startups enfrentam ao entrar no mundo do empreendimento.

Para vencer esses desafios, as startups podem buscar parcerias com *players* já estabelecidos que construíram sua trajetória atendendo às demandas dos grandes clientes. A parceria com esses grandes *players* de tecnologia permite às startups a entrada em novos clientes (a grande empresa como canal) e a redução do tempo de *onboarding* (e consequentemente de inicio de faturamento) quando construídas integrações nativas com esses sistemas.

Você sabe a diferença entre seed e pré-seed?

Quando se trata de investimento em startups, alguns termos e expressões ganham notoriedade e quase vida própria no dia a dia e no vocabulário dos empreendedores e dos investidores que fazem parte desse ecossistema. Junto com essa infinidade de novas palavras e às vezes significados, surgem também as dúvidas quanto às suas respectivas definições e aplicação no mercado. E, com toda certeza, uma dessas definições que ainda gera muita dúvida e discordância é quanto à diferença entre o que de fato caracteriza o investimento *seed* e *pré-seed*.

COMO CONSEGUIR CAPTAÇÃO 3

O primeiro ponto que precisa ser destacado em relação a essas definições é o fato de que no Brasil os valores em REAIS são outros, comparando com as rodadas nos Estados Unidos, por exemplo. Na escada do investimento, consideramos *pré-seed* uma rodada pós-investimento-anjo, não focada só em um *range* de valores determinados, e sim no propósito e na destinação do investimento. Em nosso caso, na Bossa Nova Investimentos, o recurso deve ser estratégico e suficiente para preparar a startup para maximizar suas futuras oportunidades, estruturação e investimento principal em marketing e vendas, o suficiente para atingir as próximas rodadas no Brasil ou fora dele, seja SEED (500 mil a 2 milhões de dólares) ou *venture capital*, Série A (2 milhões a 6 milhões de dólares), se for o caso – ou seja, para ajudar uma startup a atingir certos marcos intermediários ANTES da combinação mágica de PMF forte e tração significativa. Para projetos em outros estágios e necessidades, existem outros tipos de investidores e investimentos.

De acordo com a CB Insights, 2014 foi o maior ano de investimento em sementes desde 2009, com um recorde de 1,3 bilhão de dólares de capital investido em quase mil startups. Observe que muitos desses fundadores de startups têm grandes esperanças de levantar as rodadas subsequentes; no entanto, a realidade é que o aumento do capital para startups é apenas o começo de uma longa e às vezes turbulenta jornada, e apenas uma pequena porcentagem de startups conseguirá chegar a uma rodada *seed*, e somente uma menor ainda chegará a uma rodada "altamente competitiva" da Série A.

Na Bossa Nova Investimentos, apesar de sermos uma *venture capital*, trabalhamos com o conceito de *pré-seed* porque acreditamos que esse é o recurso escasso e necessário para que as startups se desenvolvam de maneira estratégica e consciente no mercado. Além disso, acreditamos também que dessa forma a Bossa Nova se posiciona no *gap* que existe entre os investidores-anjo e as *venture capital* no Brasil. Ressalto que mantemos relacionamentos com vários *venture capitalist* para que as startups de nosso portfólio possam ser apresentadas e alcançar o marco da Série A. Os princípios e as diretrizes que reunimos ajudaram várias dessas startups com orientações, capacitações e informações que são utilizadas e aplicadas para os níveis exigidos em uma fase Série A altamente competitiva.

As empresas que atingem os requisitos para rodadas de Série A reduziram de modo sistemático o risco de produto, estão tracionando e tiveram ótima execução do negócio durante o estágio de semente. Os fundadores dessas startups usam esse capital-semente para trabalhar de maneira eficiente um conjunto de experimentos orientados para o processo que culminam no perfeito ajuste produto-mercado.

Do ponto de vista do mercado, as principais equipes de startups compreendem seus mercados nos pequenos detalhes, conhecem, analisam e comparam seus KPIs. Isso envolve a compreensão da economia, da base de clientes, da demografia, do mercado, da demanda, dos custos, do comportamento dos usuários e das respectivas taxas de aquisição e retenção. Isso também implica entender quais segmentos no mercado são endereçáveis e quais não são.

As equipes mais assertivas e eficientes coletam evidências para provar que o mercado é grande o suficiente para sustentar uma saída futura em várias vezes o valor investido por seus investidores. As startups de maior potencial organizam provas para demonstrar que podem ser um líder no mercado competitivo. Isso requer ter uma consciência detalhada dos concorrentes, compreender seus pontos fortes e fracos e, claro, muita dedicação e trabalho.

ACELERADORAS NO BRASIL

Dependendo de seu estágio, as aceleradoras podem ajudar bastante sua empresa. As aceleradoras auxiliam os empreendedores a definir e construir seus produtos iniciais, identificar segmentos de clientes e obter recursos, incluindo capital e funcionários. Basicamente, elas desenvolvem programas de aceleração com duração limitada, geralmente de três meses, e ajudam as startups com o processo do novo empreendimento, fornecendo uma pequena quantidade de capital, espaço de trabalho, oportunidades de networking e mentoria com empresários, advogados, pessoal técnico, investidores-anjo, capital de risco ou até mesmo executivos de empresas. Finalmente, a maioria dos programas termina com um grande evento, denominado "De-

COMO CONSEGUIR CAPTAÇÃO 3

moday", em que é realizada a apresentação do empreendimento para um grande público de investidores.

Conheça as principais aceleradoras e os programas de aceleração no Brasil, listados a seguir em ordem alfabética:

- Acelera Climatec
- Acelera MGTI
- Acelera Partners
- Artemisia
- Baita
- Berrine Ventures
- BMG Upetch
- Biostartup Lab
- Cesar Labs
- Cotidiano Aceleradora
- Darwin Aceleradora
- Germinadora
- Inovabra
- Instituto Quintesa
- Jump Brasil
- Lemonade
- NXTP Brasil
- Oxigênio
- Pillow
- Raja Venture Launch
- Seed
- Start you up
- Startout Brasil
- Startup Brasil
- Startup Farm
- Startup Rio
- Syndreams
- Techmall
- Ventiur.net
- Wave
- Wayra Brasil
- Wow

ASPECTOS JURÍDICOS E LEGAIS DO INVESTIMENTO-ANJO

4

INVESTIMENTO-ANJO: NOVA LEI, MAIS PROTEÇÃO (TALVEZ), MUITAS DÚVIDAS E VÁRIOS REFLEXOS

Em 27 de outubro de 2016, foi sancionada a lei complementar número 155, que mudou as regras do regime especial de tributação do Simples Nacional e ainda inseriu a figura do investidor-anjo no contexto.

A lei, em seus artigos 61A a 61D, define uma forma de estrutura de investimento-anjo para essa nova modalidade de aporte de capital que pretende resolver um dos principais entraves para o crescimento do investimento-anjo em startups no Brasil: a falta de segurança jurídica para investidores (risco adicional de sermos penalizados por uma desconsideração de personalidade jurídica, por exemplo).

Na prática, agora uma startup, quando enquadrada no Simples, pode admitir em sua empresa a entrada de um sócio investidor, não caracterizando o investimento como receita tributável, como ocorria antes.

Além disso, a empresa não corre mais o risco de ser descaracterizada do Simples Nacional, perdendo o direito de pagar os tributos de maneira diferenciada, desde que atendidos alguns requisitos.

Mais que isso, nessa modalidade será possível, por exemplo, distribuir dividendos (se houver), passando a ser uma alternativa para o retorno sobre o capital investido pelo investidor-anjo.

Uma vantagem para as startups é que a lei obriga o investidor a permanecer e manter o capital investido por no mínimo dois anos. Em troca, uma vantagem para o investidor é que o prazo máximo de manutenção do capital investido é de sete anos.

Tal mudança permite certo alinhamento de interesses entre ambas as partes, uma vez que a perspectiva média de saída/retorno no mercado é de sete anos.

Apesar de já usarmos instrumentos como mútuo conversível, Sociedade de Propósito Específico (SPE), Sociedade em Conta de Participação (SCP), entre outros modelos para investir em empresas limitadas, existem discussões na Receita Federal, por exemplo, em relação à tributação ao uso da SCP para esse propósito.

Até porque, no caso das empresas sócias de uma SCP, o entendimento da Receita é que elas não podem se beneficiar do tratamento jurídico diferenciado do Simples.

Com essa nova lei, as startups que recebem aporte de investidores-anjo continuam no sistema Simples Nacional, ou seja, não haveria caracterização do investimento como receita tributável (como ocorria até então).

Além disso, há ainda a definição da estrutura de investimento-anjo e mais segurança e proteção jurídica (em não responder por dívidas, por exemplo) para os investidores e para essa modalidade de aporte de capital. Um dos principais pontos negativos em usar o contrato de participação da nova lei são os tributos de Imposto de Renda que vão incidir sobre os rendimentos obtidos pelo investidor. A Receita Federal entende que os ganhos do investidor-anjo devem ser tributados como aplicações financeiras, ou seja, a tributação sobre os rendimentos obtidos pelo anjo que atinge de 15% a 22,5% dos seus ganhos, a depender do tempo do contrato de participação-anjo.

COMO CALCULAR O *VALUATION* E A PARTICIPAÇÃO DO INVESTIDOR?

O primeiro conceito fundamental que o empreendedor deve considerar para entender o valor de uma empresa é que, antes mesmo de qualquer estrutura financeira e metodologias de avaliação, seu valor está baseado em uma percepção de mercado. Isso significa que não há uma única resposta. Existem percepções diferentes de valor, dependendo de quem está analisando, do setor, do mercado, da maturidade da empresa, entre outros. O processo de estimar o valor de uma empresa de forma sistematizada, usando modelo

ASPECTOS JURÍDICOS E LEGAIS DO INVESTIMENTO-ANJO 4

quantitativo e metodologia consagrada, é chamado de *valuation*. Esse processo pode ser baseado em estimativas e envolve certa dose de subjetividade no julgamento profissional, tanto do avaliador quanto do empreendedor, ao definir e selecionar premissas que seriam consideradas razoáveis. A análise financeira de uma empresa exige mais do que conhecimentos técnicos de finanças e contabilidade; exige um conhecimento operacional, assim como do mercado e do setor em que a empresa atua. Com base em uma perspectiva estratégica, é possível identificar as características financeiras da empresa e selecionar premissas que impactam no valor da empresa a ponto de controlar o nível de subjetividade e, dessa forma, gerar conclusões com maior embasamento.

Por esse motivo, é fundamental que as partes envolvidas em uma eventual transação ou formação de sociedades tenham conhecimento de todos os fatores intrínsecos e externos que influenciam no valor do investimento, garantindo, assim, uma maior possibilidade de sucesso da transação.

Apesar de amplamente discutido e noticiado no Brasil, o investimento-anjo continua sendo objeto de muitas discussões e controvérsias. Meu papel é tentar desmitificar esse tema e levar para uma camada maior de empreendedores as possibilidades e as parcerias com investidores-anjo.

E por que todas essas dúvidas? Primeiro, porque existe a palavra investimento ou investidor antes do nome anjo, e isso, pela própria tradução literal da palavra, já leva a um desentendimento e, claro, a uma tradução ao pé da letra que remete a dinheiro: "Investimento = ato ou efeito de investir; aplicação de capitais com finalidade lucrativa". Segundo, porque ainda não conseguimos nivelar o adequado entendimento sobre o verdadeiro papel do investidor-anjo nas startups e na vida dos empreendedores.

Pois bem, o investimento-anjo, em especial no Brasil, não quer dizer só dinheiro, muito pelo contrário, o investimento a que se propõe um anjo passa sobretudo por tempo, *know-how*, dedicação, mentoria, suporte, aconselhamento, mercado, networking e infraestrutura. Óbvio? Nem tanto. Explico: esse capital intangível tem preço e muito valor, porém alguns empreendedores não entendem e não valorizam isso. É claro que cada anjo tem seu perfil e seu valor, não é padrão e muito menos tem alguma unidade de referência como base para valorar isso.

O que isso quer dizer? Se você está precisando de um investidor com foco apenas em dinheiro, talvez um investidor-anjo brasileiro não seja sua melhor opção. Em contrapartida, se você precisa além do dinheiro de um "ombro amigo", de um vendedor, de um aval, de um apoiador incondicional que acredite em seu sonho, um anjo pode ser, sim, o caminho ideal.

"Mas, João, se não tem dinheiro no negócio, um bom mentor não resolve?" Depende de sua necessidade particular, mas quem disse que não tem dinheiro no negócio do investidor-anjo? Todo o capital investido precisa ser valorado, como horas, conhecimento, dedicação, networking, aconselhamentos, até mesmo as despesas a título de *cash-in*, como viagens, eventos, aportes em salários, pró-labores, serviços e infraestrutura. Isso somado é dinheiro vivo e muito raro de conseguir hoje em dia. Gerar caixa e resultados concretos a partir disso é o segredo da continuidade dessa relação.

Quando um investidor-anjo entra no negócio de uma startup ou faz aportes baseados em outros modelos de parceiras, existe um casamento e dali por diante obrigações, direito e deveres para ambas as partes (empreendedor e investidor-anjo). Na visão do anjo, se ele resolver entrar é porque tem condições de ajudar, apoiar e se dispor a fazer o negócio crescer, além, claro, de acreditar. Na visão do empreendedor, se o anjo topar entrar na empresa, é a certeza de ter uma referência no mercado, um importante capital intelectual adicional agregado ao negócio. Enfim, um "casamento sem sexo" que deve ter regras claras para evitar descontentamentos.

Do que o anjo NÃO gosta? De empreendedor acomodado, daquele que pensa que já sabe de tudo, do não flexível, daquele que não tem opinião própria, que diz SIM ou NÃO para tudo, do que não trabalha 24/7 na startup. Do que o empreendedor não gosta? Do anjo sumido, do chato, do mal-humorado, do cobrador, do que quer mandar, do que faz intrigas, enfim, do investidor-anjo não colaborativo e não comprometido.

"Ah, João, complexo esse caminho. Não quero abrir *equity* de meu negócio, prefiro fazer *bootstraping* mesmo." O.k., em parte você pode ter razão,

ASPECTOS JURÍDICOS E LEGAIS DO INVESTIMENTO-ANJO 4

inclusive projetos que chegam a mim com essa pegada eu valorizo muito, porque o empreendedor que acredita no próprio negócio e vende seu carro para pagar as contas me força, "em tese", a acreditar naturalmente no negócio dele também. Por experiência própria, porém, de ter passado por isso e ter desenvolvido vários negócios sozinho, posso afirmar que tudo na vida é uma questão de *timing*. Ninguém nunca pode achar que o melhor cenário será sempre o melhor, acredite: as coisas podem variar para pior.

Qual a melhor hora de abrir o capital?

O momento ideal é quando você é a "bola da vez" ou a "celebridade cobiçada". Explico: se sua startup não precisa de nada, se posiciona bem no mercado, tem ótimas perspectivas de tração e gera caixa suficiente para manter o negócio fluindo, acredito que esse seja o melhor momento de pensar em ter um investidor-anjo como parceiro em uma rodada menor. Mas em outras fases também pode ter um anjo parceiro, isso vai depender da fase em que o investidor procurado quer entrar. Conheço alguns que gostam do momento da ideação, outros do protótipo, muitos outros de quando já está no mercado, enfim, não existe uma definição clara sobre isso.

Mas em todos os casos a entrada do anjo vai subir o *valuation* e sobretudo preparar você, ter um nome agregado de referência no cenário para avaliar novas rodadas maiores, que, claro, poderão elevar o patamar de *valuation*, até mesmo a imagem de seu negócio. A dica é simples: se o

> *Quando um investidor-anjo entra no contrato social de uma startup ou faz aportes baseados em outros modelos de parceiras, existe um casamento, e dali por diante obrigações, direito e deveres para ambas as partes (empreendedor e investidor-anjo). Na visão do anjo, se ele resolver entrar é porque tem condições de ajudar, apoiar e se dispor a fazer o negócio crescer, além, claro, de acreditar. Na visão do empreendedor, se o anjo topar entrar na empresa, é a certeza de ter uma referência no mercado, um importante capital intelectual adicional agregado ao negócio*

famoso investidor-anjo Joseph Smith Kenny Troussord aceitou entrar em sua startup, o negócio deve ser bom mesmo.

Como calcular o percentual?

Outra questão é sobre percentuais de participação. Muitos falam que são altos e que não vale a pena abrir o capital para um investidor-anjo. Pois bem, isso requer estudo de cada caso e também é variável; não é receita de bolo, mas sim uma conta. Existem formas e fórmulas para encontrar *valuation*, como fluxo de caixa descontado, Ebitda e outros, mas tenho um método muito simples para facilitar as coisas: se a valoração de tudo que o anjo vai investir (o tal capital já explicado antes) somar 100 mil reais em doze meses, por exemplo, e o empreendedor propor 10% de *equity* de sua startup, o *valuation* da startup poderá ser elevado para 1 milhão de reais (R$ 1.000.000,00 × 10% = R$ 100.000,00). Se você quer ou vai dar mais ou menos percentual, aplique esse conceito e verifique o que vale a pena. Entendeu?

Se sua startup não precisa de nada, se posiciona bem no mercado, tem ótimas perspectivas de tração e gera caixa suficiente para manter o negócio fluindo, acredito que esse seja o melhor momento de pensar em ter um investidor-anjo como parceiro em uma rodada menor. Mas em outras fases também pode ter um anjo parceiro, isso vai depender da fase em que o investidor procurado quer entrar. Conheço alguns que gostam do momento da ideação, outros do protótipo, muitos outros de quando já está no mercado, enfim, não existe uma definição clara sobre isso.

No meu caso, só entro em um investimento se essa simples conta fizer sentido para ambas as partes e se for suficiente para bancar o *burn rate* (literalmente, taxa de queima de dinheiro; determina o tempo que uma empresa tem de sobra até acabar o dinheiro em caixa, e isso ocorre até a empresa dar lucro) em pelo menos doze meses. Além, é claro, se a percepção de valor da startup no mercado for essa, baseado no segmento que atua e no modelo de negócio. Agora, atenção, *valuation* alto pode ser bom ou ruim, se for muito alto,

ASPECTOS JURÍDICOS E LEGAIS DO INVESTIMENTO-ANJO 4

nivela por cima e pode complicar uma negociação em rodadas futuras; se for muito baixo, além de poder desvalorizar a imagem, pode não parecer interessante financeiramente ao mercado. Enfim, uma conta que requer muita atenção, critérios e cuidado, caso a caso. É assim que procuro fazer. Além disso, gosto muito de entrar em projetos de parceria e cotas com outros anjos que se complementam em habilidades e que se dividem em participações iguais no negócio, ou seja, dividindo tudo, incluindo dedicação e riscos, para somar múltiplos na sequência.

Agora, tecnicamente falando, os métodos de avaliação possuem diversas características específicas para análise de uma empresa. Geralmente são utilizadas uma ou mais abordagens: abordagem da renda, de mercado e outras. Ainda que cada uma dessas abordagens possa ser considerada, individualmente ou em conjunto, para a estimativa de valor de uma empresa ou um ativo, a natureza e as características dos ativos indicarão quais são as mais indicadas.

Renda por fluxo de caixa: consiste na estimativa dos incrementos dos fluxos de caixa futuros que serão recebidos pelos acionistas de uma empresa ou dos fluxos operacionais que a empresa é capaz de gerar. Os métodos de Fluxo de Caixa Descontado (FCD) são considerados os mais completos para a avaliação de empresas, pois conseguem capturar a real geração de valor das operações, das perspectivas e das estratégias da administração, assim como fatores específicos e circunstâncias do ambiente macroeconômico na data-base da avaliação. E como esses fluxos são trazidos a valor presente? Cada um deles possui sua taxa de desconto apropriada à análise.

Mercado por múltiplos: em linhas gerais, essa abordagem possui duas vertentes: múltiplos de empresas comparáveis e múltiplos de transações comparáveis. Pela ótica de empresas comparáveis, o valor de uma companhia ou de um ativo é determinado com base nos parâmetros de avaliação inerentes às métricas financeiras comparáveis como receita, o Ebitda. Com isso, é possível analisar uma amostra de empresas comparáveis no setor e obter os Ebitdas dessa amostra e determinar os múltiplos do setor. Esse múltiplo médio é tratado, sempre que possível e aplicável, e depois aplicado ao Ebitda da empresa-alvo da avaliação. Desconta-se desse valor a dívida líquida da empresa, obtendo-se, por fim, o valor livre para o acionista. Essa abordagem é comumente utilizada, pois a companhia é analisada por uma lógica operacional do negócio.

Transações comparáveis ou transações recentes: procura balizar o valor da empresa com base nos múltiplos de transações do setor. O racional da avaliação segue o de empresas comparáveis, contudo múltiplos de transação podem conter outros ativos inerentes, como o ágio gerado pela expectativa de sinergias específicas do comprador. Assim, os múltiplos de transação costumam ser mais utilizados para balizar valores do que propriamente para gerar valores. Nesse caso, uma fase necessária à análise dos ativos recentemente transacionados, seguida de uma comparação de suas características com as aplicáveis ao ativo que está sendo avaliado.

Afinal, como avaliar minha empresa? As metodologias citadas aqui apresentam grandes diferenças conceituais entre si, implicando, em grande parte das vezes, a obtenção de valores diferentes para a mesma empresa. Não existe modelo ou metodologia melhor – os analistas devem considerar as diferentes características dos ativos ou dos investimentos, a situação econômica no momento da análise e principalmente para qual finalidade se destina a avaliação para que o método mais apropriado seja selecionado. A correta definição e aplicação da metodologia são fundamentais para que o avaliador ou o investidor possa ter uma visibilidade correta da geração de valor do investimento.

QUAIS SÃO OS DOCUMENTOS QUE DEVO ASSINAR?

Quando uma empresa faz uma negociação dessas com um fundo de *seed*, *venture capital* ou *private equity*, há alguns documentos legais a serem firmados. Um deles é conhecido como NDA, que significa Non-Disclosure Agreement, ou seja, Termo de Confidencialidade. Esse documento é assinado no início das conversas para proteger ambas as partes, principalmente o empreendedor, em relação à divulgação das informações sobre seu negócio, que serão apresentadas nessa fase. Também deverá ser firmado um *Term Sheet*, ou Carta de Intenções, que é um documento preliminar em que se estipulam as principais condições da transação. Esse documento é um guia para a discussão do Acordo de Acionistas; é nele que estarão as premissas básicas desse acordo e os principais pontos que vão reger a relação entre o investidor e o empreendedor. Em geral, sua validade nunca é menor que 60 dias nem maior que 180 dias. Normalmente, é não vinculante, salvo em alguns casos, e costuma prever um período de exclusividade de negociações, que segue o mesmo prazo do próprio *Term Sheet*.

Nesse momento, são negociados os princípios de governança, como criação de conselhos, funções da Diretoria Executiva, proteção aos minoritários, voto qualificado e todas as condições que vão pautar o relacionamento entre o investidor e a equipe empreendedora. Além desses documentos, haverá o Acordo de Acionistas e o Acordo de Investimentos, que formalizarão o investimento na empresa. Esses serão os documentos legais finais, que deverão conter todas as definições jurídicas que respaldam a transação, desde o aporte inicial de recursos até a saída de investimento. Neles estão estipuladas as obrigações financeiras do investidor, as obrigações da equipe empreendedora, os direitos de ambas as partes, as cláusulas de governança, societárias, de gestão e de liquidez de negócio (saída). O empreendedor deve buscar uma assessoria legal para orientá-lo na negociação das condições da transação para evitar problemas futuros. Esses documentos podem ser divididos em cinco grandes campos de interesse:

1. **GOVERNANÇA:** Proteções, Direito a Informações, Conselho de Administração; Orçamento e Não Concorrência.
2. **GESTÃO:** Proteções, Performance e Renovação da Gestão, Plano de Negócios e Orçamento.
3. **SOCIETÁRIO:** Não Diluição; Contingência.
4. **LIQUIDEZ (SAÍDA):** Abertura de Capital; *Drag Along*; *Tag Along*; Obrigação de Recompra; Direito de Preferência.

5. **CONDIÇÕES DE INVESTIMENTO:** Obrigações de Investidores e Empreendedores; Performance; Direitos.

Nesses documentos, tudo precisa estar bem claro: os direitos, as garantias e as obrigações relacionadas a cada item, além de ser recomendável incluir cláusulas de mediação e arbitragem, para evitar litígios e solucionar controvérsias rapidamente, sem prejudicar o negócio. O passo seguinte é transformar a empresa em uma Sociedade Anônima. Para isso, é preciso providenciar uma ata e um estatuto social.

O que pode afastar um investidor é o fato de uma empresa com alto grau de informalidade poder afastar potenciais investidores. Da mesma forma, a existência de poucos elementos para calcular o valor da empresa ou o fato de haver um grande número de investidores minoritários pode dificultar um acordo. Além disso, se a distância geográfica entre o investidor e a empresa for muito grande, isso pode reduzir o interesse pelo negócio, pois aumentaria o custo do monitoramento após o investimento.

A forma de o investidor ou o fundo se desfazer de sua participação num negócio depende da situação de mercado. A saída pode ocorrer com um IPO (abertura de capital da empresa), com ou sem oferta pública, via mercado de capitais, ou acesso (BovespaMais). Pode ocorrer ainda uma venda secundária, uma fusão ou uma aquisição com uma empresa do setor ou, até mesmo, a recompra da participação pelo próprio empresário. Há também situações de *write-off* (procedimento contábil de dar baixa a determinado ativo de uma empresa), em que a companhia é encerrada, por se demonstrar inviável, apesar de toda a análise prévia empreendida. O gestor zera o valor do ativo, liquidando o investimento.

O QUE É UMA *DUE DILIGENCE*?

Vamos partir do princípio que o processo de fusões e aquisições envolve três fases:
1. Definição de Estratégia.
2. Execução da Transação.
3. Integração e Desinvestimento.

4 ASPECTOS JURÍDICOS E LEGAIS DO INVESTIMENTO-ANJO

A *due diligence* é realizada durante a execução da transação e tem por objetivo relatar fatos que auxiliem as partes na negociação de preços e na definição de cláusulas contratuais no contrato de compra. Adicionalmente, o processo de *due diligence* pode identificar questões relevantes a serem endereçadas após a transação durante o processo de integração ou desinvestimento. A *due diligence* é, portanto, conhecida como ferramenta indispensável à concretização desses negócios. No entanto, a expressão *due diligence* muitas vezes não é compreendida corretamente, merecendo, mais do que ser traduzida, ser exemplificada, para que se tenha um melhor entendimento do que se trata e seu principal objetivo.

De maneira simplista, o processo de *due diligence* pode ser traduzido como investigação ou diagnóstico no contexto de fusões, aquisições, venda de negócios e de participações de empresas e implica a análise e a mensuração (quando possível) das principais oportunidades e riscos de um negócio, normalmente antes da conclusão de uma transação. É por essa razão que tal procedimento deve ser adotado por todos os interessados na transação, seja para o vendedor estar preparado para os argumentos que a contraparte usará na análise do negócio, seja para que o investidor interessado em comprá-lo tenha uma visão mais adequada do contexto real em que a empresa-alvo está inserida.

Uma situação muito comum entre os empreendedores é pensar que, se sua empresa é auditada, não será necessário o processo de *due diligence* por parte do investidor. O objetivo principal da auditoria contábil consiste em verificar se as demonstrações contábeis refletem adequadamente, em todos os aspectos relevantes, a situação patrimonial e financeira histórica das empresas, utilizando-se essencialmente de normas contábeis em um ambiente totalmente regulado. Já o processo de *due diligence* visa fornecer um melhor entendimento das oportunidades e dos riscos dos negócios por meio da análise histórica, porém com uma visão de geração de caixa futuro, com foco financeiro. Portanto, os objetivos de uma *due diligence* e de uma auditoria são bastante distintos. Além disso, dado que os processos de negociação, bem como suas métricas, podem variar de forma significativa, quem define o que deve ser efetuado nos trabalhos de *due diligence* são os investidores (no caso de compra) ou os vendedores (no caso de trabalhos de preparação para venda), em conformidade com suas necessidades, enquanto a auditoria possui regulamentação e procedimentos em conformidade com as normas de auditoria. Adicionalmente, ao passo que o relatório de auditoria é de uso público, o relatório de *due diligence* é endereçado ao contratante do serviço e de uso exclusivo dele. Todavia, é importante frisar que, quando as informações financeiras dos negócios a serem transacionados são auditadas com emissão de parecer dos auditores sem ressalvas, a qualidade das informações a serem utilizadas no processo de *due diligence* normalmente tornam o processo mais rápido e eficiente.

A fase de execução das transações, que inclui a *due diligence*, é um processo complexo e, normalmente, exige uma equipe multidisciplinar com experiência jurídica, operacional, financeira, tributária, trabalhista e comercial, entre outras. Por isso, dependendo da complexidade e da natureza do negócio, existem diversas áreas que podem ou devem ser cobertas no processo de decisão de investimento, entre as quais exemplificamos a seguir:

- **Due Diligence Contábil e Financeira:** apuração do Ebitda (resultado ajustado para fins de precificação da empresa) recorrente e normalizado, análise da qualidade dos resultados e dos ativos, entendimento do capital de giro e do endividamento.
- **Due Diligence Tributária, Trabalhista e Previdenciária:** entendimento do nível de potenciais passivos contingentes decorrentes de interpretações agressivas ou controversas da legislação tributária, trabalhista e previdenciária.
- **Due Diligence Legal:** levantamento de dados abrangendo processos judiciais e administrativos, situação societária, certidões de diversas áreas e repartições e contratos com obrigações a vencer, entre outros itens.
- **Due Diligence Comercial:** entendimento sobre a atratividade do investimento sob o ponto de vista comercial, do mercado em que atua e das

ASPECTOS JURÍDICOS E LEGAIS DO INVESTIMENTO-ANJO 4

premissas adotadas para projeções de receita, bem como dos principais itens geradores de valor e identificação de barreiras ao crescimento.

- *Due Diligence* **Operacional:** entendimento sobre a capacidade operacional atual da empresa, gargalos operacionais, riscos e premissas (incluindo análise do plano proposto de melhoria de desempenho) que podem ocasionar barreiras operacionais ou necessidade de investimentos para garantir as projeções de crescimento. Pode incluir também avaliação de oportunidades de melhoria e sinergia após a transação.
- *Due Diligence* **Ambiental:** análise dos riscos ambientais, estimativa de custos de remediação, cumprimento das normas ambientais, entre outros aspectos.
- *Due Diligence* **de Tecnologia da Informação (TI):** entendimento de como os processos críticos do negócio são mantidos por sistemas, do desempenho da área de TI e de premissas e necessidades de investimento em tecnologia a longo prazo. Pode incluir também a avaliação dos esforços necessários para a integração de negócios, se aplicável.
- *Due Diligence* **de Recursos Humanos (RH):** entendimento do cenário de plano de cargos e salários, bem como do ambiente de RH da empresa e de como os custos de funcionários deverão se comportar após a aquisição, a visibilidade sobre as pessoas-chave que devem ser retidas e o entendimento da política vigente de gestão de pessoas e esforços para integração ou mudança.
- *Due Diligence* **Atuarial:** identificação e mensuração de passivos atuariais de benefícios pós-emprego, revisão de provisões atuariais, revisão das provisões matemáticas e hipóteses e premissas atuariais.
- *Due Diligence* **Anticorrupção:** entendimento de transações, práticas e outras características do negócio que geram riscos elevados de potencial de corrupção, bem como os controles implementados para reduzir tais riscos, considerando leis anticorrupção locais e internacionais.

Como se pode ver, são muitas as atividades que ocorrem de forma simultânea e que necessitam de um coordenador de projeto, bem como da mobilização do pessoal interno na preparação ou na avaliação das informações. As transações podem demorar um tempo considerável. Dessa forma, a necessidade de ter dupla função (lidar com as atividades de rotina de maneira concomitante com as demandas da transação) pode tornar o processo estressante. Por isso, um bom planejamento é essencial antes de se iniciar o processo.

Como posso me preparar para um processo de due diligence?

Os próprios empreendedores devem se preparar e exercitar e deixar prontas todas as informações e documentos que serão exigidos. Segue um exemplo do que pode ser solicitado pelo investidor para análise na *due diligence*:

DOCUMENTOS QUE DEVEM SER ENVIADOS

1. Atos Constitutivos atualizados (Contrato ou Estatuto Social) e todas as alterações (registradas ou não).
2. Atas existentes (registradas ou não).
3. Eventuais contratos, independentemente de terem sido registrados, que cuidem da transferência e/ou da promessa de transferência de cotas e/ou ações; ou que imponham ônus sobre as cotas e/ou ações; autorizações e/ou licenças para funcionar.
4. Comprovante de Inscrição no CNPJ.
5. Ficha Cadastral Simplificada emitida pela Junta Comercial.
6. CND Receita Federal, incluindo débitos previdenciários.
7. CND FGTS.
8. CND Estadual.
9. CND Municipal.
10. CND Trabalhista, incluindo certidão negativa de débitos emitida pelo TST e certidão negativa de ações ajuizadas no TRT competente.
11. CND Justiça Federal (primeira e segunda instâncias) cível e criminal.
12. CND Justiça Estadual (primeira e segunda instâncias) cível, criminal e específica de falências.

ASPECTOS JURÍDICOS E LEGAIS DO INVESTIMENTO-ANJO

13. Relatório confeccionado pelo advogado que patrocina a causa, a respeito de eventuais processos ou pendências apontadas nas certidões emitidas.
14. Acordos de cotistas/acionistas (caso a sociedade possua).
15. Contrato de investimento anterior (caso a sociedade possua) ou equivalente.
16. Garantias prestadas pela startup, ou em favor da startup.
17. Documento de Identidade dos Sócios e/ou dos Administradores, bem como:
    a. CND Receita Federal, incluindo débitos previdenciários;
    b. CND Estadual;
    c. CND Municipal;
    d. CND Trabalhista, incluindo certidão negativa de débitos emitida pelo TST e certidão negativa de ações ajuizadas no TRT competente;
    e. CND Justiça Federal (primeira e segunda instâncias) cível e criminal;
    f. CND Justiça Estadual (primeira e segunda instâncias) cível, criminal e específica de falências;
    g. Relatório confeccionado pelo advogado que patrocina a causa, a respeito de eventuais processos ou pendências apontadas nas certidões emitidas;
    h. Certidão específica da Junta Comercial indicando outras sociedades das quais o sócio/administrador faça parte na qualidade de sócio ou administrador.
18. Registro de marcas, software ou propriedade intelectual, em processamento ou cujo registro já tenha sido deferido, além do contrato de desenvolvimento de qualquer um desses itens. Em relação a tais registros, listar também contratos e alegações de violação (ajuizadas ou não).
19. Balancetes dos últimos três meses.
20. Demonstração do Resultado do Exercício (DRE) referente ao último exercício.
21. Balanço Patrimonial do último exercício.
22. Licenças ou autorizações, caso a empresa exerça atividade regulada (incluindo licenciamento ambiental, autorização para funcionar etc.), além de Alvará de Funcionamento e AVCB (Auto de Vistoria do Corpo de Bombeiros) da sede da sociedade.

23. Matrículas atualizadas de imóveis registrados em nome da sociedade.
24. Demais registros de bens (máquinas, veículos etc.) em nome da sociedade.
25. No caso de se tratar de Sociedade Anônima (S.A.), apresentar os livros sociais.
26. Cópia de todos os contratos celebrados (fornecedores, prestadores de serviços, clientes, empregados, prepostos, apólice de seguro etc.), incluindo os anexos, os aditivos e os termos de rescisão (ou similares). Caso a sociedade esteja em mora com qualquer das obrigações contraídas, informar (qual obrigação, desde quando a sociedade está inadimplente, valor estimado de penalidade incidente).
27. Relatório de créditos tributários utilizados: informações sobre aproveitamento de créditos tributários, indicando:
    a. forma do aproveitamento: compensação com outros tributos, repetição do indébito, utilização de créditos extemporâneos etc.;
    b. valores envolvidos, já utilizados e a utilizar; e
    c. existência ou não de medida judicial que permita a utilização dos créditos.

Perguntas adicionais que podem mudar de acordo com o negócio/produto:

1. O negócio é embasado em site e/ou aplicativo? Em caso positivo, qual o status de desenvolvimento do site e/ou aplicativo? Havendo contratos e registros a ele relativos, encaminhar.
2. Qual a atividade desenvolvida pela sociedade? Descrever, em algumas linhas, as principais áreas de atuação da startup.
3. A sociedade possui ou possuiu participação em outras empresas (incluindo SPEs/SCPs/Eirelis)? Em caso positivo, relacione as empresas (sócio, porcentagem, empresa, CNPJ, data de entrada/saída) e apresente os respectivos atos constitutivos, acordos de cotistas/acionistas e quaisquer outros documentos celebrados com a respectiva sociedade.
4. Os sócios e/ou os administradores possuem ou possuíram participações em outras empresas? Em caso positivo, relacione as empresas (sócio, porcentagem, empresa, CNPJ, data de entrada/saída).

ASPECTOS JURÍDICOS E LEGAIS DO INVESTIMENTO-ANJO

5. A sociedade ou a outra empresa da qual seja sócia possui passivo, ainda que não ajuizado (dívidas/débitos)? Em caso positivo, relacione-o (devedor, credor, origem do débito, valor).
6. Os sócios e/ou os administradores e/ou as outras empresas que são/foram sócios/administradores possuem passivo, ainda que não ajuizado (dívidas/débitos)? Em caso positivo, relacione-o (devedor, credor, origem do débito, valor).
7. A sociedade é ou foi ré em alguma ação judicial? Em caso positivo, relacione (número do processo, vara, autor, objeto, data, valor, situação atual). Classifique, ainda, o risco de perda de cada ação (remoto, possível, provável, de acordo com os padrões de contabilidade), apresentando relatório confeccionado pelo advogado que patrocina a causa.
8. Os sócios e/ou os administradores foram ou são réus em alguma ação judicial? Em caso positivo, relacione (número do processo, vara, autor, objeto, data, valor, situação atual). Classifique, ainda, o risco de perda de cada ação (remoto, possível, provável, de acordo com os padrões de contabilidade), apresentando relatório confeccionado pelo advogado que patrocina a causa.
9. A sociedade é ou foi autora em alguma ação judicial? Em caso positivo, relacione (número do processo, vara, réu, objeto, data, valor, situação atual). Classifique, ainda, o risco de perda de cada ação (remoto, possível, provável, de acordo com os padrões de contabilidade).
10. Os sócios e/ou os administradores foram e/ou são autores em alguma ação judicial? Em caso positivo, relacione (número do processo, vara, réu, objeto, data, valor, situação atual). Classifique, ainda, o risco de perda de cada ação (remoto, possível, provável, de acordo com os padrões de contabilidade).
11. Os sócios e/ou os administradores já tiveram participação em empresa que tenha entrado em falência/recuperação judicial/concordata? Em caso positivo, relacione-as (empresa, situação, data).
12. A sociedade é ou foi parte em algum procedimento arbitral? Em caso positivo, relacione (câmara competente, árbitro, partes, objeto, data,

valor, situação atual). Classifique, ainda, o risco de perda de cada ação (remoto, possível, provável, de acordo com os padrões de contabilidade).

13. Existe algum débito/crédito/mútuo entre a sociedade e seus sócios e/ou administradores ou terceiros? Em caso positivo, relacione-os (devedor/credor, valor, data, prazo).
14. Quantos prestadores de serviço e/ou funcionários a sociedade tem atualmente? Informar, ainda, qual o regime de contratação (CLT, PJ, cooperado, informal etc.), função/cargo, pagamentos mensais, bonificações (benefícios, se houver), controle de horas e antiguidade destes na empresa, e encaminhar os respectivos contratos.
15. Quantos funcionários ou prestadores de serviços deixaram a sociedade nos últimos dois anos? Informar valores pagos, benefícios, eventuais horas extras não remuneradas e verbas rescisórias pagas, se for o caso, e encaminhar os respectivos contratos.
16. A sociedade possui fiscalizações de qualquer natureza ou processos administrativos de qualquer natureza em andamento? Em caso positivo, relacione-as (natureza da fiscalização, órgão fiscalizador, número do processo administrativo), apresentando relatório confeccionado pelo advogado que patrocina a causa.
17. A sociedade possui algum tipo de provisão? Em caso positivo, indicar o valor e a natureza da provisão.
18. A sociedade possui algum depósito de marca e/ou patente no INPI ou em qualquer órgão internacional equivalente? Em caso positivo, relacione-os (marca/patente, data do depósito, situação).
19. É de conhecimento da sociedade e/ou dos sócios e/ou dos administradores quaisquer possíveis (mesmo que remotas) violações a direitos de terceiros, incluindo propriedade intelectual, até o presente momento? Em caso positivo, relacione-as.
20. Relacione todos os contratos vigentes que a sociedade tenha com terceiros, incluindo acordos societários, opções de compra e venda etc. (nome das partes, data, prazo, valor, objeto).

ASPECTOS JURÍDICOS E LEGAIS DO INVESTIMENTO-ANJO

21. Além dos contratos relacionados no item anterior, a sociedade e/ou seus sócios e/ou seus administradores têm algum compromisso/promessa (verbal e/ou escrito) perante terceiros que possa representar ônus ou assunção de obrigações para esta? Em caso positivo, relacione-os (nome da parte, objeto do compromisso, valor estimado, condições e transcrever: [i] as cláusulas de confidencialidade; [ii] eventuais cláusulas de exclusividade; [iii] prazo de vigência; [iv] multas por inadimplemento; e [v] multas por rescisão).
22. Relacione eventuais políticas que a sociedade possua (código de ética, política de vendas, política de fornecedores etc.).
23. A sociedade negocia com a Administração Pública? Em caso positivo, indicar principais agentes de negociação.
24. A sociedade possui e adota medidas de *compliance*? Em caso positivo, relacione-as.
25. Há medidas adotadas para a proteção de dados sigilosos e de terceiros? Em caso positivo, listar.
26. Relacione todos os ativos (intangíveis e tangíveis) que a sociedade possui atualmente.
27. Relacione as principais despesas (fixas e variáveis) mensais que a sociedade possui atualmente.
28. Relacione as principais receitas (fixas e variáveis) mensais que a sociedade possui atualmente.
29. Relacione banco/agência/número da conta-corrente da sociedade.
30. Relacione os principais fornecedores que tenham representado no total 90% das despesas dos últimos doze meses (razão social, CNPJ, valor total fornecido nos últimos doze meses).
31. Relacione os principais clientes que tenham representado no total 90% das receitas dos últimos doze meses (razão social, CNPJ, valor total faturado nos últimos doze meses).
32. Como e em qual periodicidade é feita a divisão dos lucros atualmente? Todos os sócios recebem parte do lucro? Qual a porcentagem do faturamento?

33. Existe retirada mensal a título de pró-labore? Em caso positivo, apenas por parte dos administradores ou de todos os sócios? Qual o valor retirado?
34. A startup possui advogado e/ou contrato com escritório de advocacia? Em caso positivo, qual o nome/a razão social e o número da OAB/do CNPJ?
35. A startup possui contador e/ou contrato com escritório de contabilidade? Em caso positivo, qual o nome/a razão social e o número da CRC/do CNPJ?
36. A atividade desenvolvida exige alguma licença (inclusive ambiental)? Em caso positivo, informar o status de obtenção da licença, bem como apresentar um relatório indicando procedimento e documentos necessários à obtenção da licença.
37. Caso a startup tenha realizado qualquer consulta formal a autoridades, ou tiver obtido opiniões legais, encaminhar os respectivos questionamentos, acompanhados pelas respostas.
38. Indicar se os sócios, os administradores, os acionistas ou os investidores são pessoas politicamente expostas.

TERMOS UTILIZADOS NOS CONTRATOS EM UMA NEGOCIAÇÃO DE INVESTIMENTO

1. **Acordo de Confidencialidade:** geralmente, o primeiro documento a ser assinado. Os empreendedores e a empresa-alvo precisam divulgar informações a seu respeito para que o investidor possa analisar a oportunidade de negócio, mas devem se resguardar para evitar que tais dados sejam utilizados para outros fins ou cheguem ao conhecimento de terceiros. Portanto, esse documento determina que a parte receptora das informações não deve divulgar, tampouco utilizar-se, em nenhuma hipótese, das informações confidenciais (isto é, aquelas de propriedade da parte divulgadora, como estudos de marketing, segredos de negócio, *know-how*, ideias, conceitos, análises, compilações, estudos, informações financeiras, técnicas, operacionais, jurídicas etc.). A duração desse acordo pode ir além do prazo da transação, e sua violação pode implicar

a aplicação de multa, assim como o ressarcimento à parte contrária por perdas, danos e lucros cessantes.

2. **Direito de Exclusividade:** também chamada de *no-shop provision*, essa cláusula protege o investidor contra o eventual assédio de concorrentes à compra da empresa-alvo durante o processo de negociações ao lhe conceder a exclusividade para tratativas com os empreendedores e a empresa-alvo.

3. **Estrutura da Aquisição:** é importante já estabelecer se a empresa-alvo emitirá novas ações a serem subscritas pelos investidores ou se os atuais acionistas alienarão suas ações diretamente aos investidores.

4. **Governança:** estabelece o número de vagas de membros da administração (Diretoria e Conselho de Administração) reservadas para cada parte, item fundamental para a estratégia de controle do investimento.

5. **Direito a Veto ou Voto Afirmativo pelos Investidores:** no âmbito da assembleia geral dos acionistas, o veto ou o voto afirmativo para determinadas deliberações pelos fundos de Venture Capital ou Private Equity é normalmente utilizado como medida protetiva do investimento. Alguns exemplos de deliberações que podem depender de voto favorável do investidor são: a emissão de novas ações; a alteração nos critérios para pagamento de dividendos; a contratação de empréstimos de valor relevante etc.

6. **Restrições à Transferência de Ações:** é possível que as partes tenham interesse em restringir a transferência de ações, que deverão observar algumas limitações, como:
    a. *Drag Along*: cláusula que determina que os acionistas minoritários são forçados a vender suas ações quando o acionista majoritário decidir vender sua participação, comumente com o mesmo preço e demais condições. Trata-se de um direito dos acionistas majoritários de "arrastar" os demais acionistas no caso de uma venda a terceiros.

b. *Tag Along*: cláusula que dá o direito de venda de ações a acionistas minoritários, comumente com o mesmo preço e demais condições, quando o acionista majoritário decidir vender sua participação. Trata-se de um direito dos acionistas minoritários de "seguirem" o acionista majoritário em caso de uma venda a terceiros.
c. **Direito de Preferência:** se um acionista decide vender suas ações a um terceiro, os demais têm o direito de fazer oferta sob os mesmos termos e condições e que deve prevalecer sobre a oferta de um terceiro.
d. *Lockup*: vedação absoluta a transferências durante um prazo predeterminado.

7. **Existência e Tamanho do *Option Pool*:** refere-se a uma porcentagem do capital social da empresa-alvo reservada para distribuições, ao longo de determinado período de tempo, na forma de opções de compra de ação, a seus empregados e executivos. Nos termos da Lei das Sociedades Anônimas, cabe à assembleia geral definir os critérios do Plano de Opção de Compra de Ações (*Stock Option Plan* – SOP). As opções concedidas no âmbito de um SOP estão geralmente sujeitas às regras de *vesting*, ou seja, um período durante o qual o beneficiário da opção estará impedido de exercê-la. Essas regras são úteis para evitar a saída dos executivos-chave após uma valorização pontual das ações da empresa-alvo, bem como para incentivar o trabalho em equipe e o alinhamento dos interesses de todos os colaboradores.

8. **Preferência na Liquidação:** é o valor que os investidores de Venture Capital (como detentores de ações preferenciais) deverão receber antes dos fundadores (como detentores de ações ordinárias) no caso de eventos de liquidez da empresa-alvo, como sua dissolução ou sua venda para um terceiro.

9. **Solução de Conflitos:** tem sido tratada com mais frequência nos *Term Sheets*. Observa-se um crescimento do uso da arbitragem e da concilia-

ASPECTOS JURÍDICOS E LEGAIS DO INVESTIMENTO-ANJO

ção como forma de evitar a morosidade e a imprevisibilidade das cortes brasileiras; inclusive por companhias pequenas, as quais ultimamente têm preferido arcar com os custos ainda relativamente altos do processo arbitral.

MEU MÚTUO CONVERSÍVEL VENCEU, E AGORA?

O mútuo conversível, usado pela maioria dos investidores-anjo no mercado, nada mais é que o adiantamento de capital condicionado à conversão futura da dívida em cotas da startup; ou seja, o investidor não entra diretamente no quadro societário da empresa. Seu principal objetivo de fato é afastar obrigações trabalhistas e tributárias do investidor-anjo que em tese fornece, além do dinheiro, mentoria, conexões e *know-how*, o chamado smart money.

Sendo assim, o investidor disponibiliza seus recursos por um prazo determinado e após esse período, no vencimento do contrato, ele tem a opção de converter o valor aportado em uma fatia da startup ou se retirar do negócio. E é na fase de converter ou não o capital investido que existem o perigo e o desentendimento desse modelo específico de investimento.

Quando vence o mútuo, que é por direito um Título Executivo, o investidor-anjo poderia cobrar da startup o valor aportado corrigido, até porque a opção é dele de converter ou não. E se o negócio fechou ou quebrou? E se a startup não progrediu ou cresceu? E se a startup precisa de novas rodadas de investimento? O que fazer? Pagar o investidor-anjo? Ora, é necessário ter bom senso, pois o risco não deve ser só do lado do empreendedor, tendo em vista que o investimento-anjo é entendido como de RISCO TOTAL.

O perfil do investidor de startups é buscar aportar uma quantia e um esforço de tempo e inteligência para que o negócio cresça, com a esperança de recuperar o valor investido multiplicado por x em algum momento. Além disso, é imprescindível que o investidor se mantenha protegido de eventuais prejuízos, débitos, obrigações e processos judiciais que a investida venha a possuir.

Então, quais são as opções que poderiam ser combinadas antes da assinatura do contrato de mútuo? Quais seriam as condições e as opções para o não pagamento do título após o vencimento com autorização e entendimento das partes?

- A renovação do mútuo;
- Se não estiver tendo boa performance e o anjo não vir sinais de *turnover*, simplesmente sair por 0 ou por um real;
- Conversão em ações da startup, realizar a transformação da sociedade em uma sociedade por ações;
- Possibilidade de fazer uma transferência secundária para outro investidor.

> *Minha dica para os empreendedores é: se tiver um contrato de mútuo em andamento, converse com seus investidores sobre isso antes do vencimento dele; se ainda vai fazer um contrato de mútuo conversível, verifique a possibilidade de deixar as alternativas ao pagamento do mútuo muito mais detalhadas antes de assinar qualquer documento.*

Existem, sim, outras opções, até mesmo outros modelos, como o Contrato de Participação (lei complementar número 155). Mas cobrar o pagamento do contrato vencido não deveria ser uma única alternativa, a não ser em casos de má-fé e/ou gestão temerária por parte do empreendedor ou em caso excepcional e extremado.

Em minha humilde opinião, o contrato de mútuo é uma improvisação, pois a operação real é de investimento, e não de crédito, ou seja, o valor aportado em uma startup por um investidor-anjo profissional jamais deveria ser a título de empréstimo de fato, a não ser se o investidor não souber o que está fazendo.

Minha dica para os empreendedores é: se tiver um contrato de mútuo em andamento, converse com seus investidores sobre isso antes do vencimento dele; se ainda vai fazer um contrato de mútuo conversível, verifique a possibilidade de deixar as alternativas ao pagamento do mútuo muito mais detalhadas antes de assinar qualquer documento.

    E para os investidores: se quer remunerar, seu dinheiro, mútuo no investimento-anjo, não deve ser tratado como uma promissória; se quer renda fixa, melhor deixar seu dinheiro no banco.

MÉTRICAS
E KIPs

5

FUJA DAS MÉTRICAS DE "VAIDADE"

Com toda a certeza as próximas linhas vão incomodar muita gente. Isso porque vou falar da vaidade partindo da seguinte definição: "cuidado exagerado da aparência, pelo prazer ou com o objetivo de atrair a admiração ou os elogios de terceiros. É a necessidade de vangloriar-se, de ostentar, de se exibir". Mas por que falar sobre isso? Muito simples, porque atualmente o que mais há são empreendedores focados em "métricas de vaidade", em vez de focar nos fundamentos de fluxo de caixa e capital de giro do negócio.

Tenho certeza de que, ao ler apenas esse primeiro parágrafo, você, leitor, já deve ter lembrado de algum empreendedor vaidoso e que com frequência coloca seu orgulho e suas metas pessoais à frente do que realmente importa para o negócio: resultados efetivos e crescimento constante.

Quando o empreendedor Yogendra Vasupal anunciou o fim do atual modelo de negócio de sua famosa startup indiana Stayzilla, sua justificativa foi essa, a métrica da vaidade. Em mensagem em seu blog, ele disse: "Estava focado em métricas de 'vaidade' em vez de nos fundamentos de fluxo de caixa e capital de giro". Também afirmou: "Os últimos onze anos têm sido uma grande experiência de aprendizagem, no começo fizemos tudo certo, mas nos últimos três-quatro anos, posso dizer que em algum lugar eu perdi meu caminho". E completa agradecendo a todo o time, os cofundadores e os investidores, dizendo: "ser eternamente grato aos anjos da rede indiana que deram a ele capital para escalar seu negócio".

O objetivo aqui, porém, não é apenas comentar que mais uma startup pôs termo ao sonho, mesmo com investimentos, mas debater os motivos que levaram a isso.

Aliás, na Índia existem diversas startups, incluindo as famosas que estão reduzindo custos para tentar sobreviver – o SnapDeal, por exemplo, vai demitir 600 pessoas nos próximos dias. Os cofundadores dessa startup, Kunal Bahl e Rohit Bansal, admitiram ter cometido alguns erros na gestão da empresa, distraídos pelo excesso de caixa nos últimos anos. "Começamos a crescer nosso negócio muito antes do modelo econômico certo. Também começamos a diversificar e iniciamos novos projetos enquanto ainda não tínhamos encontrado o caminho do lucro. Construímos uma equipe muito grande e maior do que era necessário com a escala atual." O investidor-anjo, Mohandas Pai, foi mais enfático: "Os fundadores do SnapDeal foram incitados por pessoas que escreveram cheques grandes e disseram para gastar na esperança de obter mais e mais dinheiro. E tudo finalmente explodiu!".

E o que exemplos como esse nos mostram? Que uma grande quantidade de capital com muita ambição é a fórmula dos sonhos, mas também, por outro lado, pode ser uma mistura potente e perigosa para os envolvidos e pode levar uma startup à derrocada em um futuro próximo.

Meu alerta nesse momento ao falar sobre isso é para que os empreendedores tenham atenção redobrada para não se perderem no meio do caminho e não sejam dominados pela vaidade, que pode seduzir até os mais céticos.

As métricas da vaidade nada mais são do que tudo aquilo que não traz nenhum resultado concreto e financeiro para o negócio, ou seja, causam imensa satisfação pessoal, sensação de orgulho, ego lá em cima e, claro, podem "impressionar" também alguns investidores desavisados.

O problema é que muitas curtidas ou comentários não significam conversão, dinheiro em caixa e aumento de vendas, e é aí que mora o perigo. Muitos se entretêm com isso e acabam até construindo suas estratégias em cima do "falso sucesso" que, além de momentâneo, não condiz com a realidade e com o futuro da startup.

As métricas da vaidade nada mais são do que tudo aquilo que não traz nenhum resultado concreto e financeiro para o negócio.

MÉTRICAS E KPIs 5

O que deve ser mensurado, então? Métrica de vaidade não tem nada a ver com KPIs corretos para medir se suas iniciativas estão sendo eficazes em suas propostas. Hoje podemos contar com vários tipos de indicadores diferentes, e a questão é: quais serão mais assertivos para os objetivos definidos?

Dois KPIs muito importantes são o Custo de Aquisição de Clientes (CAC) e o *Lifetime Value* (LTV). Acima de tudo, é preciso saber avaliar bem quais são os indicadores utilizáveis para a realidade de seu negócio. Isso evita que as métricas de vaidade sejam definidoras de seu planejamento. Leia o livro *A startup enxuta*, de Eric Ries, e descubra as métricas Acionável, Acessível e Auditável. Lembre-se sempre delas e fuja das métricas de vaidade!

É isso, meus amigos, e, resumindo, essa é mais uma lição sobre CONTROLE, GESTÃO e GASTOS. Gastar como se não houvesse amanhã e de maneira um tanto quanto irresponsável me faz lembrar do que eu sempre digo: "Dinheiro nunca aceita desaforo, mesmo que exista em abundância".

MÉTRICAS FUNDAMENTAIS PARA STARTUPS NO *EARLY STAGE*

Quando uma empresa apresenta seu projeto para um investidor, diversos tipos de números, informações e métricas mostram os resultados, as promessas e a saúde do negócio. Às vezes, alguns dos números apresentados são desnecessários ou podem não ser o melhor indicador do que realmente está acontecendo na empresa, ou as pessoas podem usar diferentes definições da mesma métrica para dificultar a compreensão da integridade da empresa na perspectiva do investidor.

Para ampliar esse entendimento, os especialistas Andreessen Horowitz, Jeff Jordan, Anu Hariharan, Frank Chen e Preethi Kasireddy da a16z, empresa de *venture capital* do Silicon Valley, identificaram e reuniram as famosas 16 métricas fundamentais para apresentação ao investidor.

Assim, embora todas as 16 sejam interessantes, separei as 12 mais comuns que podem ajudá-lo a entender como se preparar, começar a medir e, claro, como pensa um investidor quando analisa seu negócio. As métricas serão divididas em dois tipos:

A. Métricas comerciais e financeiras (1 a 7).
B. Métricas de produto e engajamento (8 a 12).

A. *Métricas comerciais e financeiras*

1. **Reservas *versus* receita:** reserva e receita não são a mesma coisa. Reservas é quando o cliente faz uma intenção de compra, pode até refletir uma obrigação, mas não é ainda receita dentro do caixa. A receita é reconhecida quando o serviço é realmente fornecido. Cartas de intenção, promessa de compra e acordos verbais, entre outros, não são receita efetiva.

2. **Receita recorrente *versus* receita total:** os investidores valorizam startups em que a maior parte da receita total seja proveniente da receita recorrente. Por quê? A receita de serviços esporádicos ou venda de produto é não recorrente e é menos escalável. A receita do produto é o que você gera com a venda do software, a consultoria ou o produto em si. Pode até ter volume e margem maiores e ajudar no caixa, mas o fato de não ser recorrente pontua menos na visão do investidor.

Receita Anual Recorrente (ARR): uma medida dos componentes da receita que são apenas recorrentes na natureza. Deve excluir taxas únicas (não recorrentes) e taxas de serviços profissionais.

ARR por cliente: o plano daquele cliente está crescendo? Upgrade? Se você está expandindo ou vendendo para seus atuais clientes, então ele deve estar crescendo, o que é um indicador positivo para um negócio saudável.

Receita Mensal Recorrente (MRR): somar as receitas recorrentes por natureza dentro do mês. Assim como na ARR, não deve incluir taxas únicas (não recorrentes) e taxas de serviços profissionais (*setup*, instalação, contratos de serviços profissionais ou consultoria, por exemplo).

Net Revenue (Receita Líquida): entrada de caixa. Uma startup pode ter uma MRR de 100 mi reais, mas mesmo assim ter 70 mil reais de entrada de caixa, o *Net Revenue*. Por quê? Porque alguns clientes optam por pagar adiantado, outros atrasam, outros compram pagando um ano adiantado com desconto. É uma das métricas que precisam ser levadas em consideração em um planejamento financeiro, especialmente quando se analisa o *cashburn* da empresa.

3. **Lucro bruto:** embora o crescimento das reservas ou a intenção de compra seja importante, os investidores querem entender como esse fluxo de receita converte e é lucrativo. O lucro bruto fornece essa medida. O que está incluído no lucro bruto pode variar de empresa para empresa, mas, em geral, todos os custos associados à fabricação, ao desenvolvimento, à operação, à entrega e ao suporte de um produto/serviço devem ser incluídos. Então, esteja preparado para desmembrar o que está incluído – e excluído – desse lucro bruto.

4. **Valor Total do Contrato (TCV)** *versus* **Valor do Contrato Anual (ACV):** TCV é o valor total do contrato e pode ser mais curto (seis meses) ou mais longo em duração (maior que doze meses). Certifique-se de que o TCV também inclua o valor de cobranças únicas, as taxas de *setup*, os serviços profissionais e as cobranças recorrentes.

   ACV é o valor anual do contrato; por outro lado, mede o valor do contrato durante um período de doze meses. Se o AVC estiver crescendo, isso significa que os clientes estão pagando mais em média por seu produto ao longo do tempo. Isso significa que seu produto está basicamente fazendo mais (adicionando recursos e capacidades) para garantir esse aumento, ou está entregando tantos clientes de valor (melhor funcionalidade sobre alternativas) que eles estão dispostos a pagar mais por isso.

5. **LTV (*lifetime value* do cliente na base):** LTV é trazer para o valor presente o lucro líquido do contrato com o cliente durante a duração do relacionamento com ele. Isso ajuda a determinar o valor a longo prazo do cliente e quanto valor líquido você gera por cliente após contabilizar os CAC. Um erro comum é estimar o LTV como um valor presente da receita ou até mesmo da margem bruta do cliente, em vez de calculá-lo como lucro líquido do cliente ao longo da vida do relacionamento.

Como calcular o LTV

Receita por cliente (por mês) = valor médio do pedido multiplicado pelo número de pedidos.

Margem de contribuição por cliente (por mês) = receita do cliente menos os custos variáveis associados a um cliente. Os custos variáveis incluem custos de vendas, administrativos e operacionais associados ao atendimento ao cliente.

Média do tempo de vida do cliente (em meses) = 1 / pelo seu *churn* mensal.

LTV = margem de contribuição do cliente multiplicada pela vida útil média do cliente.

Observe que, se você tiver poucos meses de dados, a maneira conservadora de medir o LTV é analisar o valor histórico até a data. Em vez de prever o tempo de vida médio e estimar como as curvas de retenção podem parecer, é melhor medir o LTV de 12 meses e 24 meses.

O cálculo é importante porque uma receita ou margem bruta LTV sugere um limite superior mais alto sobre o que você pode gastar na aquisição de clientes (CAC). Margem de contribuição LTV para CAC também é uma boa medida para determinar o retorno do CAC e gerenciar seus gastos com publicidade e marketing.

6. **Valor da mercadoria bruta (GMV) *versus* Receita:** frequentemente usados em negócios de vendas ao mercado. Entretanto, a GMV não é igual à Receita. GMV é o volume total de vendas em reais de transações de mercadorias por meio da venda em um período específico.

7. **CAC:** custo de aquisição do cliente ou CAC deve ser o custo TOTAL de aquisição de usuários. Um problema comum nas métricas de CAC é não incluir todos os custos incorridos na aquisição do usuário, como taxas de descontos, salário do pessoal de marketing e vendas, por exemplo. Outro problema comum é calcular o CAC como um custo "combinado" (incluindo usuários adquiridos organicamente) em vez de isolar os usuários adquiridos por meio de marketing "pago". Embora o CAC combinado [custo total

MÉTRICAS E KPIs 5

de aquisição / total de novos clientes adquiridos em todos os canais] não seja errado, ele não informa o desempenho de suas campanhas pagas e se elas são ou não lucrativas.

É por isso que os investidores consideram CAC como custo total de aquisição/novos clientes adquiridos por meio de marketing pago, para verificar a viabilidade de um negócio – que informa se uma empresa pode crescer se ampliar o orçamento para aquisição de novos clientes.

Embora possa ser feito um argumento em alguns casos em que a aquisição paga contribui para a aquisição orgânica, seria necessário demonstrar a comprovação desse efeito para atribuir peso ao CAC combinado. Muitos investidores gostam de ver ambos. Até porque quem consegue clientes de forma orgânica tem atrativo a mais para análise de investimento.

É claro que os custos normalmente sobem à medida que você tenta alcançar um público maior. Por isso, pode custar-lhe 1 real para adquirir seus primeiros mil utilizadores, 2 reais para adquirir seus próximos 10 mil e entre 5 e 10 reais para adquirir seus próximos 100 mil. É por isso que você não pode ignorar as métricas sobre o volume de usuários adquiridos por meio de cada canal.

B. Métricas de produto e engajamento

8. **Usuários ativos:** empresas diferentes têm definições quase ilimitadas sobre o que significa o termo "usuários ativos". Alguns gráficos nem mesmo definem o que é essa atividade, enquanto outros incluem atividades inadvertidas, como ter uma alta proporção de usuários iniciantes ou usuários únicos acidentais. Seja claro sobre como você define "ativo".

9. **Crescimento mensal (MoM):** muitas vezes é medido como a média simples das taxas de crescimento mensais, mas os investidores preferem medir como CMGR (Taxa de Crescimento Mensal Composto), uma vez que afere o crescimento periódico, especialmente para um mercado. Usar CMGR [CMGR = (Último Mês / Primeiro Mês) ^ (1 / # de Meses) -1] também ajuda você a comparar as taxas de crescimento com outras

empresas. Isso seria difícil de comparar em razão da volatilidade e de outros fatores. O CMGR será menor que a média simples em um negócio em crescimento.

10. **Churn:** é basicamente o cancelamento, a perda ou a rotatividade de dinheiro em relação à sua base atual de clientes. Os investidores olham da seguinte maneira:

Churn mensal da unidade = clientes perdidos / total do mês anterior;
Retenção por corte: Mês 1 = 100% da base instalada;
Último mês = porcentagem da base instalada original que ainda está sendo transacionada.

Também é importante diferenciar entre *churn* bruto e *churn* de receita líquida:
Churn bruto: MRR perdido em determinado mês / MRR no início do mês;
Churn líquido: MRR perdido menos MRR de *upsells* em determinado mês / MRR no início do mês.

A diferença entre os dois é significativa. O *churn* bruto estima a perda real para o negócio, enquanto o *churn* da receita líquida subestima as perdas (uma vez que combina *upsells* com *churn* absoluto).
Exemplo simples do *churn*: se a startup tem mil assinantes e no mês de janeiro teve 50 cancelamentos, logo seu *churn* é de 5%. Essa é uma métrica que nós, investidores, olhamos muito, pois ao longo de doze meses a startup com 5% de *churn* pode perder 60% de sua base de clientes.

11. **Burn Rate:** a métrica que mostra que o dinheiro está diminuindo. Especialmente nas startups em estágio inicial, é importante conhecer e monitorar as despesas reais na medida em que as empresas falham quando estão ficando sem dinheiro e não têm tempo suficiente para levantar fundos ou reduzir despesas.

MÉTRICAS E KPIs 5

Cálculo simples: quanto o caixa está negativo no mês = saldo de caixa no início do ano menos saldo de caixa do ano / 12.

Também é importante medir a queima líquida *versus* a queima total:

Receita líquida [as receitas (incluindo todo o dinheiro recebido que você tem uma alta probabilidade de receber) - queima bruta] é a medida real do montante de dinheiro que sua empresa está queimando todo mês.

Os investidores tendem a se concentrar na queima líquida para entender quanto tempo o dinheiro que você deixou no banco vai durar para você administrar a empresa. Eles também levarão em conta a taxa na qual suas receitas e suas despesas aumentam, uma vez que a queima mensal pode não ser um número constante.

Falarei mais a seguir sobre *burn rate* e sobre por que você deve se importar muito com essa métrica.

12. **Downloads:** são, de fato, apenas uma métrica de vaidade. Os investidores querem ver o engajamento, idealmente expresso como retenção, por exemplo, Usuários Ativos Diários (DAU), Usuários Ativos Mensais (MAU), fotos compartilhadas, fotos visualizadas e assim por diante.

APRESENTANDO MÉTRICAS PARA O INVESTIDOR

Apresentar gráficos que mostram métricas com os acumulativos de resultados somente subindo pode ser uma estratégia, mas, se o investidor levar em conta outros fatores ou outras métricas cruzadas, pode perceber que você está encolhendo mesmo com o gráfico em crescente. Os investidores gostam de ver mensalmente o GMV, a receita mensal ou os novos usuários/clientes por mês para avaliar o crescimento nas empresas em estágio inicial.

Existem alguns truques: os mais comuns são não rotular o eixo Y para encolher a escala e assim exagerar o crescimento e apenas apresentar os ganhos percentuais sem apresentar os números absolutos. (Este último é enganoso, visto que as porcentagens podem parecer impressionantes em uma pequena base, mas não são um indicador da trajetória futura.)

Não há problema em apresentar métricas em qualquer ordem enquanto você conta sua história. Isso também depende do modelo de negócio, mas, se essas métricas básicas são interessantes, fatalmente vão obrigar os investidores a aprofundar na análise de seu negócio como um todo.

FUNDADORES VISIONÁRIOS ABRAÇAM A TRANSPARÊNCIA

Se você quer que sua startup cresça e seja bem-sucedida, construir a confiança com os *stakeholders*, sobretudo os investidores, é um passo importante. Uma estratégia fundamental é usar a transparência como forma de "atração", não somente para o *cap table* atual como também para buscar novos investidores. Porém, as informações precisam ser apresentadas de modo conciso, permanente e que defina a atualização dos principais indicadores no negócio, as MÉTRICAS.

Como exemplo, temos no Brasil uma experiência de **transparência** bem interessante. A Startup **TRAKTO** http://trakto.io/ deixa on-line e pública as principais métricas comerciais e financeiras, de produto e de engajamento no modelo SaaS, ou seja, eles deixam abertas para quem quiser ver. Isso quer dizer que a cada evento que acontece (venda, renovação, cancelamento etc.) no negócio, uma página on-line **integrada** aos sistemas de pagamento da empresa é atualizada automaticamente ficando disponível em um **link público**.

*É a primeira startup no Brasil (e única que conheço até o momento) a optar por essa forma **de transparência em tempo real. Um exemplo de colaboração ao ecossistema!***

Como investidor, acho isso muito honesto, atualizado, acessível e com muito menos chance de ser montado ou *fake*, como é possível em um Report tradicional com os números da empresa.

Confira aqui a transparência da TRAKTO: https://trakto.baremetrics.com/

O QUE É *BURN RATE*? IMPORTE-SE COM ELE!

Para começar, é importante esclarecer em linguagem simples o que chamamos de *burn rate*. De forma objetiva, é o valor gasto por mês para bancar a operação do negócio.

MÉTRICAS E KPIs 5

O *burn rate* pode servir para calcular o tempo que vai levar até o negócio se pagar ou até atingir o *breakeven*, ou mesmo se tornar rentável.

Imagine que a startup XPTO está gastando 20 mil reais por mês além do que está tendo de receita. Então ela tem uma taxa *burn rate* de 20 mil reais por mês, ou 240 mil reais por ano. O investidor, sendo assim, precisa saber na partida que tem que cobrir e fornecer dinheiro suficiente para bancar essa diferença no período combinado.

Se a taxa de *burn rate* aumenta após o investimento inicial e a startup já queimou todo o dinheiro investido por qualquer motivo, o negócio vai precisar de financiamento adicional se quiser continuar a operação, e pode acontecer o que chamamos de *follow-on*, o que significa que os próprios investidores iniciais precisarão aportar o suficiente para cobrir o novo *burn rate*. Nesse momento, pode acontecer uma nova oferta com a chamada de capital ou até um financiamento bancário, se for o caso.

Por isso, o risco do investimento em uma startup é alto, o que faz com que os investidores olhem para a taxa de *burn rate* inicial no período, contando com futuras e esperadas receitas para decidir se vale a pena investir naquela empresa. Se a taxa de *burn rate* superar previsões ou se suas receitas não estão crescendo a um ritmo razoável como planejado, é aí que o investimento corre riscos de prejuízos. Em contrapartida, pensando nisso, uma startup tem de procurar reduzir ao máximo possível sua taxa de *burn rate*, desde que não comprometa o negócio, para se tornar mais eficiente operacionalmente, ou, na melhor hipótese, mostrar atenção a isso, diminuir o risco do investidor e, claro, garantir seu futuro.

É previsível que uma startup que ainda vai dar os primeiros passos tenha um fluxo de caixa negativo, e é nesse ponto que o monitoramento da taxa de *burn rate* se torna imprescindível.

Antes de tirar qualquer conclusão ou tomar alguma decisão, os investidores devem levar em conta que o *burn rate* é variável, pois seu valor pode se alterar com diversos fatores, como despesas inesperadas, atrasos ou até o aumento das receitas.

Portanto, se a taxa de *burn rate* for bem monitorada todo mês e tratada com alguns indicadores em tempo real, é possível prever e ter uma noção de quanto tempo levará até precisar de um novo investimento. Portanto, é importante que os empreendedores mostrem aos investidores o acompanhamento mês a mês e os indicadores de maneira transparente, para que eles se preparem e aceitem mais fácil um possível *follow-on*.

Para terminar, deixo o que penso e como procuro fazer em meus negócios:
- Independentemente de o negócio ser bom ou ruim, quanto maior a taxa de *burn rate*, menor minha chance de investimento;
- Os empreendedores têm que ser desprendidos de vaidade e capazes de se adaptar às mudanças do mercado, até mesmo de padrão de vida, para equacionar o *burn rate*;
- Uma quantidade de capital acima do parâmetro estipulado pelo *burn rate* pode fazer com que a startup gaste mais do que poderia em se tratando de segurança financeira;
- Se a taxa de *burn rate* é zero, deve-se tratar essa conquista como momentânea, e não usar a sobra de caixa para gastar ou inchar;
- Aos especialistas de plantão, informo que essa é uma análise não técnica, serve apenas para colaborar e ampliar o conhecimento do ecossistema.

COMO CONSTRUIR UMA DEMONSTRAÇÃO DO RESULTADO DO EXERCÍCIO (DRE)

A Demonstração do Resultado do Exercício, também conhecida como DRE, é um documento contábil de demonstração cujo objetivo é detalhar a formação do resultado líquido de um exercício pela confrontação das receitas, dos custos e das despesas de uma empresa, apuradas segundo o princípio contábil do regime de competência (receitas e despesas devem ser incluídas na operação do resultado do período em que ocorrem). Em outras palavras, uma DRE apresenta o resumo financeiro dos resultados operacionais e não operacionais de uma empresa.

Para fins legais de divulgação, ela abrange o período estabelecido como exercício financeiro, que normalmente vai de janeiro a dezembro (doze meses). Entretanto, também pode ser elaborado mensalmente para fins administrativos e trimestralmente para fins fiscais.

MÉTRICAS E KPIs 5

Ao contrário do que muitos pensam, um investidor não quer ver uma planilha com muito faturamento e pouca despesa. O certo é o contrário: seja mais realista e pé no chão em relação à receita e bastante pessimista em relação a despesas. O ideal, portanto, é aumentar despesas e diminuir receitas.

No dia a dia, isso vai levá-lo a um saldo final negativo mês a mês, e a soma desse negativo até o *breakeven point* (ponto de equilíbrio) será sua necessidade de caixa e de investimento.

A DRE geralmente é o que já passou, ou seja, a demonstração de resultados já realizados. Mas existe ainda o que chamamos de DRE projetada, que é uma simulação simples, sintética e resumida, um exercício para o futuro com base em análises reais e concretas nas necessidades de caixa para despesas fixas e variáveis e possibilidade de receita. A grande pergunta a ser respondida pelos empreendedores é: quanto precisa de caixa e em quanto tempo até o *breakeven*?

Veja a seguir um modelo de planilha simples para entender o necessário até o *breakeven*:

	MÊS 1	MÊS 2	MÊS 3	MÊS 4	MÊS 5	MÊS 6	MÊS 15
Receitas	R$ -	R$ 1.000,00	R$ 3.000,00	R$ 6.000,00	R$ 10.000,00	R$ 15.000,00	R$ 30.000,00
Investimento	R$ 1.000,00	R$ 2.000,00	R$ 2.000,00	R$ 2.000,00	R$ 2.000,00	R$ 2.000,00	R$ 2.000,00
Despesas Variáveis	R$ 5.000,00	R$ 3.000,00	R$ 2.500,00	R$ 3.000,00	R$ 2.000,00	R$ 2.000,00	R$ 2.000,00
Despesas Fixas	R$ 10.000,00	R$ 10.000,00	R$ 10.000,00	R$ 10.000,00	R$ 10.000,00	R$ 15.000,00	R$ 10.000,00
	R$ (16.000,00)	R$ (14.000,00)	R$ (11.500,00)	R$ (9.000,00)	R$ (4.000,00)	R$ (4.000,00)	R$ 16.000,00

De qualquer forma, a DRE é obrigatória, de acordo com a lei número 11.638/07, publicada em 27 de dezembro de 2007. Resumidamente, a DRE de uma empresa se estrutura da seguinte maneira:

1. Receita bruta;
2. Deduções e abatimentos;
3. Receita líquida;
4. Custo de Produtos Vendidos (CPV) ou Custos de Mercadorias Vendidas (CMV);
5. Lucro bruto;
6. Despesas com vendas;

7. Despesas administrativas;
8. Despesas financeiras;
9. Resultado antes de Imposto de Renda de Pessoa Jurídica (IRPJ) e Contribuição Social sobre o Lucro Líquido (CSLL), ou seja, resultado da conta até aqui, desconsiderando o impacto dos impostos sobre o faturamento;
10. Provisões de IRPJ e CSLL, que são os tributos cobrados sobre o faturamento;
11. Resultado líquido.

Por que usar a DRE no processo de gestão de sua empresa é tão importante? Com ela, é possível fazer a análise horizontal e vertical. Na horizontal, são analisadas temporalmente a receita e as despesas para identificar como se deu sua evolução. O interessante dessa análise é entender a evolução tanto dos ganhos quanto dos gastos. Já na análise vertical são feitas as comparações de contas de acordo com seus grupos. Assim, pode-se compreender quanto a despesa com telefone, por exemplo, impacta no total de despesas. Com a combinação dessas duas, podem ser compreendidas tendências e feitas projeções que poderão auxiliar a empresa. Além disso, a DRE pode ser combinada com outros documentos para permitir uma análise da situação financeira da empresa.

Juntamente com o Balanço Patrimonial, que oferece o ponto de vista financeiro da empresa, a DRE pode ser usada para apresentar o resultado econômico, ou seja, nesse documento podem ser vistas as receitas e os gastos, e no Balanço Patrimonial, os valores de caixa, bancos, entre outros recursos financeiros.

Em ambas as análises, é importante aplicar o cálculo de Retorno sobre as Vendas (RSV), também conhecido como Margem de Lucro (ML). O resultado dessa operação vai mostrar, em forma de percentual, quanto cada venda proporcionou de lucro.

QUAL PROBLEMA VOCÊ RESOLVE?

Sim, é isso mesmo: os investidores procuram soluções que resolvam problemas que não sabemos que vamos ter. Alguns colegas investidores-anjo e eu estamos procurando por soluções para problemas que a sociedade nem sabe ainda

MÉTRICAS E KPIs 5

que vai ter ou que o mercado ou o segmento específico nem percebeu que existem ou que vão existir.

Como assim? Recebemos diversos projetos por semana de todos os tipos e modelos, mas queremos inverter a lógica, queremos procurar, mas para isso colocamos um porquê nessa busca, nosso propósito.

Pois bem, nosso propósito é procurar por empreendedores que pensem fora do padrão, à frente do tempo, que tenham projetos disruptivos que podem, por exemplo, ditar as regras de consumo daqui por diante ou mudar a forma de fazer negócios ou alguma coisa no cotidiano.

Só para exemplificar, imagine se voltássemos no tempo e você nos apresentasse um aplicativo para chamar um táxi ou um carro particular: um mercado cheio de barreiras e problemas, e, do outro lado, os consumidores nem imaginavam que o uso dessa solução seria, na linha do tempo, essencial para o dia a dia deles. A mesma coisa aconteceu com o Airbnb, e pessoas passaram a alugar quartos e casas ao redor do mundo, quebrando a barreira hoteleira. Outro exemplo na linha do Internet of Things (IoT), ou Internet das Coisas, é o Dash Button, da Amazon, que permite comprar algum produto assim que ele acaba, simplesmente acionando o botão. Enfim, existem muitos projetos nessa linha, mas, atenção, não basta ser criativo ou inovador, precisa ter um modelo de negócio, ou seja, além de ser disruptivo, precisa pensar em uma forma de monetização.

O que procuramos é algo que mude o mapa mental e o comportamental do consumidor. Mas não confunda uma solução ÚTIL ao mercado com uma solução que mude a forma de pensar e a de se fazer negócios e as coisas no cotidiano.

A natureza do empreendedor é criar, modificar, inventar, solucionar e melhorar; por outro lado, o mercado procura por maior produtividade, redução de custos, qualidade de vida e soluções para problemas específicos e preexistentes. O que queremos está além disso: procuramos por mais comodidade no transporte, na comunicação, no trabalho, em casa, no lazer. É necessário olhar ao redor por outra perspectiva, de uma forma mais crítica, observar, indagar, contestar, questionar. Precisamos melhorar nossa vida, nossas empresas, o ambiente onde vivemos e tudo o que nos cerca. E para conseguir isso é imprescindível ser visionário, ou seja, pensar à frente do tempo.

SÓ O *PITCH DECK* NÃO VENDE SEU NEGÓCIO!

No ecossistema de startups, todos conhecem a palavra PITCH, muito usada por investidores, empreendedores e mentores. E não é para menos, afinal, fazer um bom *pitch* é um importante passo para quem deseja apresentar seu negócio e conquistar investimento, clientes e parceiros no mercado. O *deck* de slides é um dos elementos dessa apresentação que precisa ser bem elaborada para auxiliar o empreendedor na hora de vender o que está se propondo. Além disso, porém, existe outra poderosa ferramenta esquecida ou mal trabalhada que poucos sabem que você precisa fazer: um TEASER sobre seu negócio.

Teaser não é e não substitui um *deck*; é basicamente um resumo em uma página que descreve a oportunidade de negócios para os investidores. Já ouviu falar em ONE PAGER? É uma página, uma fotografia do "estado da arte" de seu negócio. Ou seja, em uma única página você precisa detalhar tudo o que está oferecendo como um *teaser*:

- O problema;
- A solução;
- O que e como faz;
- O mercado em que atua;
- Por que você se destaca da concorrência;
- Seus principais números e indicadores;
- Por que agora?;
- Breve descrição do time;
- Apresentação da rodada de investimento.

Enfim, tudo isso em uma página com um design atraente que chame atenção e estimule o interesse do investidor em conhecer mais sobre o que você quer mostrar.

Contudo, atenção: não confunda! Não é um *pitch* de venda ou uma projeção financeira – é um sumário que diz aos investidores por que eles devem se preocupar com sua ideia. É uma ferramenta com o intuito de provocar, estimular o interesse, que força o investidor a pensar de forma clara sobre sua ideia e, sobretudo, identificar por que ela é diferente. É uma maneira de se comunicar de modo conciso que requer simplicidade e gramática adequadas, portanto não use apenas *bullets points*. Outro ponto importante: não se destina a substituir uma conversa real com alguém. Ele fornece informações suficientes para torná-lo atraente, sem dar todos os detalhes. O investidor não quer ouvir sobre todos os seus problemas potenciais ou toda a sua trajetória no primeiro contato. Por isso, volto a dizer: seja conciso e objetivo quando for selecionar o que entra nesse material, pense como se fosse um cartão de visita com mais informações e explore isso a seu favor.

Um *one pager* provocador deve dizer: "Ei, sou uma startup atraente e acredito que você deveria dar uma olhada. Se meu negócio fizer sentido para você, vamos conversar?". Lembre-se de que você tem apenas uma página, uma chance, então tem de fazer sua ideia se destacar. Mais que isso, depois de enviado não dá para voltar atrás e corrigir ou reenviar, já era. E, sim, a primeira leitura é a que fica. Conduza tudo como se fosse uma verdadeira oportunidade imperdível para quem está lendo.

Os investidores veem centenas de *pitches* todos os dias. Talvez eles se lembrem da essência do que foi dito nas apresentações, talvez não o façam. Por isso, o *one pager* bem produzido é o formato ideal para seduzir, informar e captar interesses rápido.

No Brasil, temos uma ótima ferramenta gratuita de edição e design de documentos que você pode utilizar para preparar esse material, experimente: <www.trakto.io>.

COMO MONTAR UM *PITCH DECK* PARA IMPRESSIONAR!

Algumas palavras e expressões vão se repetir em diferentes passagens deste livro, e o motivo é de fácil explicação. Falar de startup e não citar a expressão *pitch deck*, por exemplo, é quase impossível. O vocabulário destinado ao ecossistema empreendedor, apesar de relativamente vasto, acaba sendo empregado em diferentes situações e, por vezes, para alguns, pode soar repetitivo. Mas o fato é que algumas dessas expressões são tão importantes que merecem destaque e aprofundamento porque fazem parte da vida dos empreendedores.

O *pitch deck*, ou *pitch*, como a maioria chama, nada mais é do que uma apresentação de 10 a 20 slides que deve passar um resumo de sua startup para os investidores. Imagino que até aqui nenhuma dúvida, mas o grande desafio é passar informação suficiente para despertar o interesse de um investidor por meio de uma apresentação objetiva e estruturada. Por isso, muitos empreendedores deixam a desejar nesse primeiro contato, uma vez que ele pode ser usado para conseguir reuniões com investidores, enviado por e-mail ou apresentado ao público.

A primeira constatação que deve ser devidamente respeitada é: cada *pitch* tem um formato diferente, mas a essência do conteúdo se mantém a mesma. Por exemplo, para uma apresentação ao público em um evento, deve ter pouco texto e letras grandes para serem lidas de longe. Uma apresentação enviada por e-mail tem que ser mais autoexplicativa. Mas ambas têm que conter um conjunto marcante de informações que estimulem o investidor a querer conhecer mais sobre aquele negócio.

Vários autores já desenvolveram modelos de *pitch decks*, e alguns elementos sempre aparecem como um "*must have*" para uma apresentação de sucesso.

Já para mim, a receita para um bom *pitch* para investidor passa preferencialmente por esta ordem de slides:

1. Exposição do problema;
2. Solução, mercado;
3. Concorrentes;
4. Modelo de negócio;
5. Demonstração;
6. Equipe;
7. Expectativas;
8. Investimento;
9. DRE ou Financeiro;
10. Um final surpreendente (encantamento).

Independentemente do tempo de mercado que seu negócio tem, é preciso ter um demonstrativo financeiro. Apesar de alguns empreendedores não gostarem de abrir os livros, para o investidor ter acesso aos números e/ou uma projeção fi-

MÉTRICAS E KPIs 5

nanceira faz toda a diferença e demonstra maturidade em relação à gestão. Mencione hipóteses importantes para seu modelo, taxa de conversão, mercado etc. Dê destaque a esses números: total de consumidores, total de receita e total de despesas. Quanto capital você está levantando e quem já investiu em você?

- Qual é o uso da verba em porcentagem;
- Salário dos fundadores;
- Vendas e marketing;
- Novas contratações;
- Tecnologia/desenvolvimento de produto ou serviço;
- Equipamento.

Muito cuidado para não errar nesses slides. Alguns tópicos aparecem menos, mas são igualmente importantes. Um dos erros mais comuns é falar que resolve muitos problemas. Articular de maneira clara o problema que você soluciona é a chave para montar todo o seu *pitch*. Torne o problema óbvio.

Outro ponto que é recebido de forma negativa pelos investidores é falar que não existem competidores, pois SEMPRE vai existir competição. Ela pode ser indireta ou direta, por isso pesquisa de mercado é fundamental. Falar que não existem competidores mostra falta de conhecimento do mercado.

Mostre benefícios, e não só funcionalidades. Muitos detalhes técnicos do produto não vão levá-lo a lugar nenhum. Os consumidores e os investidores querem ver benefícios e valor agregado. Eu sei que você quer mostrar tudo sobre seu produto, mas tome cuidado. A melhor forma de fazer é ter dados, e não apenas suposições sobre o mercado e sua empresa.

E uma última dica, mas não menos importante: você está contando uma história, e boas histórias criam conexões, conquistam a atenção e sempre deixam as pessoas querendo saber mais. Não se esqueça disso!

> *Os consumidores e os investidores querem ver benefícios e valor agregado. Eu sei que você quer mostrar tudo sobre seu produto, mas tome cuidado. A melhor forma de fazer é ter dados, e não apenas suposições sobre o mercado e sua empresa.*

TRAÇÃO

Você já leu essa palavra ao longo deste livro algumas vezes, e agora vai entender por que ela é tão importante. O livro intitulado *Traction: a startup guide to getting customers* (S-curves Publishing, 2014) [Tração: um guia para as startups conquistarem consumidores], de autoria de Gabriel Weinberg e Justin Mares, ambos fundadores de startups nos Estados Unidos, declara que o conceito de tração é a melhor maneira de aumentar as chances de uma startup ter sucesso. Para eles, a tração nada mais é que um sinal de que alguma coisa está funcionando. Se você precificar seu produto, significa que os consumidores estão comprando. Se seu produto é grátis, pode significar uma crescente base de usuários. A tração é poderosa. Riscos técnicos, de mercado e de equipes são mais fáceis de serem enfrentados com tração. Levantar recursos, contratar, ir à imprensa, fazer parcerias e aquisições são todos mais fáceis de tratar com tração.

O livro é para startups de todas as categorias: focadas em consumidores ou em empresas, de comércio às aplicações e tudo o que estiver no meio. Weinberg e Mares entrevistaram mais de 40 fundadores, estudaram muitas outras companhias e extraíram estratégias repetíveis e táticas que elas usaram para ter sucesso. O objetivo, como salientam os autores, é mostrar como obter tração, não importando o negócio em que se esteja.

A dupla define tração como um sinal de que sua companhia está decolando. Isso fica óbvio em suas métricas principais: se você tem uma aplicação móvel, sua taxa de download está crescendo rápido. Se você é um engenho de busca, seus números de busca estão indo para o espaço. Se é uma ferramenta de SaaS, sua receita mensal está explodindo. Se é uma aplicação para o consumidor, seus usuários ativos diários estão crescendo rápido. Esse é o ponto. Em outras palavras, tração é crescimento. A busca de tração é o que define uma startup!

Depois de entrevistarem mais de 40 fundadores de sucesso e pesquisarem outros mais, os autores descobriram que as startups conseguem tração por meio de 19 diferentes canais. Muitas startups de sucesso experimentaram múltiplos canais (marketing de engenho de busca, desenvolvimento de

MÉTRICAS E KPIs 5

negócios etc.) até encontrarem um que funcione. Eles chamam esses canais de aquisição de consumidores de canais de tração. Esses são canais de marketing e distribuição por meio dos quais sua startup pode pegar tração: usuários reais e consumidores.

Os autores descobriram dois amplos temas por meio de suas pesquisas:

1. A maioria dos fundadores só considera usar canais de tração com os quais já estejam familiarizados ou os quais achem que deveriam usar por causa de seu tipo de produto ou companhia. Isso significa que muitas startups focalizam os mesmos canais (marketing de engenhos de busca, relações públicas) e ignoram outros modos prometedores de ganhar tração.
2. É difícil prever o canal que funcionará melhor. Você pode fazer adivinhações, mas, até que comece a rodar os testes, é difícil dizer qual canal é o melhor para você.

Os 19 canais tratados no livro são: Viral Marketing; Public Relations; Unconventional PR; Search Engine Marketing; Social and Display Ads; Offline Ads; Search Engine Optimization; Content Marketing; Email Marketing; Engineering as Marketing; Targeting Blogs; Business Development; Sales; Affiliate Programs; Existing Platforms; Trade Shows; Offline Events; Speaking Engagements; Community Building.

Eis um livro interessante que retrata questões que são de difícil apuração no âmbito da dinâmica das empresas e de difícil comprovação da eficácia dos citados canais. As experiências relatadas pelos autores podem servir como exemplo para as startups brasileiras que também estão à procura de maneiras inteligentes de obter tração.

ENTENDENDO AS ETAPAS E COMO FUNCIONA O INVESTIMENTO

6

EXISTEM essencialmente dois tipos de investidores na aquisição de participações em empresas:
1. Investidor estratégico: opera no mesmo segmento, ou semelhante, e tem interesse operacional na empresa com o intuito de manter o investimento no longo prazo.
2. Investidor financeiro: tem interesse financeiro de maximizar o retorno por meio da retirada de dividendos e ganho de capital na venda do investimento em curto e médio prazos. Esse é também o caso dos fundos de *private equity, venture* e *seed capital* ao adquirirem participação de uma empresa.

SEU *BURN RATE* HOJE DIZ MUITO SOBRE VOCÊ E SUA STARTUP AMANHÃ

O Beepi (https://www.beepi.com/), que chegou a valer 560 milhões de dólares e levantou 150 milhões de dólares de vários investidores, está fechando as portas. Está sendo vendido em partes (algoritmos, fontes, material etc.) para tentar pagar os credores.

Atuava como *marketplace* no mercado para as pessoas venderem e comprarem carros usados. A empresa examinava, avalizava, preparava o carro, divulgava, processava a venda, fazia a transferência de documentos e, por fim, se responsabilizava por toda a logística em buscar e entregar o carro ao novo proprietário.

O que aconteceu com ela?
- *Burn rate* exagerado (7 milhões de dólares por mês);
- Salários altos e muito acima do mercado;

- Investimentos desnecessários com móveis de escritório etc.;
- Gestão temerária;
- Falta de respeito com o dinheiro do investidor (abuso).

Uma pena, porque o Beepi estava ajudando a reinventar a antiga indústria/mercado automobilístico. Espero que o Shift (https://shift.com/home) consiga seguir com essa missão.

É o que eu sempre falo, seja simples sem ser primário. Mantenha tudo em custo mínimo sempre, mesmo com muito dinheiro em caixa. Procure apoio em seus atuais investidores não só para dinheiro, mas para cada etapa e também para toda a jornada de sua startup.

FICA A LIÇÃO! Aliás, seu BURN RATE hoje diz muito sobre você e sua startup amanhã.

O QUE É UMA MICRO VENTURE CAPITAL?

Venture capital significa capital de risco, capital empreendedor, capital de investimento ou capital de ventura. É uma modalidade de investimentos alternativos utilizada para apoiar negócios por meio da compra de uma participação acionária, geralmente minoritária, com objetivo de ter as ações valorizadas para posterior saída da operação. Já Micro *venture capital* são aquelas empresas de investimento que investem em estágios iniciais, ou seja, investem com cheques menores em mais empresas em vez de cheques maiores em menos empresas. As *Micro venture capital,* ou Micro VCs, investem em startups que já receberam investimento-anjo ou que foram aceleradas, mas que ainda não estão prontas para uma Série A.

Apesar de comentado nos dias de hoje, a Micro VC é um fenômeno recente no ecossistema de *venture capital*. E o que a define e a diferencia das demais modalidades de investimento é o estágio de investimento do negócio. Aproximadamente 80% dos investimentos iniciais que as microempresas de VC fazem são em startups que ainda não receberam aporte "Série A", enquanto as VC tradicionais tendem a se concentrar em estágios mais maduros.

Mas aí você pode estar se perguntando: mas o que é essa tal fase de semente? O investimento denominado no mercado como semente nada mais é que a pri-

ENTENDENDO AS ETAPAS E COMO FUNCIONA O INVESTIMENTO 6

meira camada de investimento acima do investidor-anjo e antes de uma rodada grande (Série A) de um *venture capital* tradicional. E o papel das Micro VCs é identificar oportunidades na fase de semente e usar várias estratégias para ajudar as startups a escapar do "Vale da Morte".

Sendo assim, podemos definir a Micro VC como empresas de capital de risco que investem dinheiro para apoiar startups em fase inicial com valores em estágio de *pré-seed* e *seed money*. Diferente do investimento de risco "tradicional", a Micro (entre 100 mil e 800 mil reais) é destinada a empresas que ainda têm de ganhar tração para atingir os próximos estágios.

> *Definir a Micro VC como empresas de capital de risco que investem dinheiro para apoiar startups em fase inicial com valores em estágio de pré-seed e seed money. Diferente do investimento de risco "tradicional", a Micro (entre 100 mil e 800 mil reais) é destinada a empresas que ainda têm de ganhar tração para atingir os próximos estágios*

Note ainda que dentre os diferenciais, embora haja uma alta probabilidade de que a maioria dessas startups não vá sobreviver tempo suficiente para chegar a uma série de rodada de financiamento posterior, as *micro venture capital* estão dispostas a fazer o investimento porque as startups já têm um produto no mercado e precisam encontrar o PMF (o ajuste do produto-mercado). Além disso, é importante ressaltar que quem investe por meio dessa modalidade acredita que os poucos negócios bem-sucedidos compensam os que ficaram pelo caminho.

Uma das mais famosas *micro venture capital* do mundo é a SV Angel (https://svangel.com/), com 717 investimentos em 619 startups e 225 exits (DropBox, Uber e Airbnb). No Brasil, a Bossa Nova Investimentos é um exemplo de Micro VC que tem se posicionado no mercado como referência em função de sua atuação e da seleção de startups com alto potencial que precisam do aporte e da orientação para alavancar o negócio em vendas e marketing.

As Micro VCs se diferenciam também por suas especializações no mercado, ou seja, tem se tornado cada vez mais comum encontrar fundos voltados para um nicho específico de atuação, como Urban.Us (investe em startups que tornam a cidade melhor), Bolt (busca startups focadas em hardware), Boldstart (interessado em oportunidades de SaaS empresariais), Learn Capital (concentra-se em oportunidades de educação) e assim por diante.

O objetivo aqui é diferenciar e mostrar como as Micro VCs atuam no mercado porque ainda existe muita "confusão" em relação aos estágios e aos termos com suas respectivas aplicações. Outro ponto importante para abordar é o fato de que as Micro VCs coinvestem com anjos ou seguem aceleradoras; da mesma forma, podem coinvestir em rodadas até maiores com outras *venture capital*.

Isso significa que a diminuição da quantidade de capital necessária para atingir o ajuste do produto-mercado também significou um aumento no número de startups com produtos mínimos viáveis e modelos de negócios. Na primeira fase do desenvolvimento da empresa, os investidores não podem diferenciar vencedores de perdedores. O fato é que, assim como a maioria das inovações de mercado financeiro, os microcapitalistas de risco surgiram para preencher uma lacuna no mercado de investimento em estágio inicial que se abriu. Essa mudança, portanto, exige um tipo diferente de investidor (*mindset*).

Características das Micro VCs:

- A maioria dos fundos é pré-Série A (o que é chamado de semente hoje);
- Em geral são fundos que investem no máximo 800 mil reais por startup;
- Comumente são liderados por anjos bem-sucedidos, empreendedores de sucesso ou empresários que realizam ou já realizaram gestão de outras empresas;
- Os fundos de Micro VC ainda são esperados para render um mínimo de três vezes o líquido múltiplo sobre o capital investido.

Gestores e investidores em geral ouvem centenas de propostas até chegar a um investimento concreto. Não perca tempo contando detalhadamente a história da criação de sua empresa. Parta do presente e exponha claramente onde está, aonde quer chegar, como fará para alcançar sua meta e de quanto precisa para isso.

ENTENDENDO AS ETAPAS E COMO FUNCIONA O INVESTIMENTO

QUAIS SÃO AS *VENTURE CAPITAL* NO BRASIL?

No Brasil, existem diversos fundos de *venture capital* a que você pode submeter seu projeto. Segue uma relação dos membros efetivos e ativos da Associação Brasileira de Private Equity e Venture Capital (ABVCAP), mas lembre-se: quando abordar um investidor, o melhor a fazer é ser objetivo e direto. Gestores e investidores em geral ouvem centenas de propostas até chegar a um investimento concreto. Não perca tempo contando detalhadamente a história da criação de sua empresa. Parta do presente e exponha claramente onde está, aonde quer chegar, como fará para alcançar sua meta e de quanto precisa para isso.

2bCapital	Invest Tech Participações e Investimentos
A5 Capital Partners	Investimage Administradora de Recursos Ltda.
Actis Capital LLC	Jardim Botânico Partners
Advent International	Kaeté Investimentos
AEM Capital Gestão de Recursos Ltda.	KFW Bankengruppe Representações Ltda.
Algar	Kinea Private Equity Investimentos
Angra Infra Investimentos	Leblon Equities Gestão de Recursos Ltda.
Angra Partners	Lexington Partners
Antera Gestão de Recursos	LGT Ventures
Aqua Capital Consultoria Ltda.	Lions Trust
Astella Investimentos	Mantiq Investimentos
Banco Modal	Mare Investimentos Ltda.

BNP Paribas Asset Management	Monashees Capital
Bossa Nova Investimentos e Administração S.A.	Neo Investimentos
Bozano Investimentos	O3 Capital
Bratus Capital	Oria Capital
BR Opportunities Gestora de Fundos Ltda.	Partners Group
BRKB DTVM AS	Pátria Investimentos
Brookfield Brasil Ltda.	Performa Investimentos
BRPP Gestão de Produtos Estruturados	Portbank Capital Gestora de Recursos Ltda.
BRZ Investimentos	Principia Capital Partners
BTG Pactual	Qualcomm Ventures
CEF – Caixa Econômica Federal	Queluz Gestão de Recursos Financeiros Ltda.
Claritas Administração de Recursos Ltda.	REAG Investimentos
Coller Capital	Redpoint eVentures
Confrapar – Participações e Pesquisa S.A.	Rio Bravo Investimentos
CRP – Companhia de Participações	Riviera Investimentos
CVentures	Siguler Guff Gestora de Investimentos Brasil Ltda.
Cypress Associates	Southern Cross Group
Darby Overseas Investments	SP Ventures
DGF Investimentos	StepStone do Brasil Consultoria Financeira

ENTENDENDO AS ETAPAS E COMO FUNCIONA O INVESTIMENTO

Dynamo Venture Capital	Temasek Brasil Consultoria e Participações Ltda.
Eastman Chemical do Brasil Ltda.	The Axxon Group
EB Capital	The Carlyle Group
Endurance Capital Partners	TMG Capital
FinHealth	TreeCorp Partners
FIP Gestora de Recursos Ltda.	Triaxis Capital
FIR Capital Partners	Trivèlla Investimentos
FUNDEPAR Gestão de Investimentos Ltda.	Trivèlla M3 Investimentos
G5 Gestora de Recursos Ltda.	Valora Investimentos
Gávea Investimentos	Vela Investimentos
GEF Brasil Investimentos	Victoria Capital South America Partners
GM Ventures LLC	Vila Rica Capital
Graycliff Partners	Vinci Capital Gestora de Recursos Ltda.
Grupo Stratus	Vision
Hamilton Lane	Vox Capital
Hancock Asset Management Brasil Ltda.	Warburg Pincus
H.I.G. Capital	
IdeiasNet	

EMPREENDEDORISMO

7

EMPREENDEDORISMO COMO ESTILO DE VIDA

Eu vivo o empreendedorismo em sua essência e estou dando exemplos diários para que meus filhos tenham comportamento empreendedor desde agora, pois acredito que estarão mais bem preparados e fortes psicologicamente para enfrentar a competição no novo mundo. Assim, serão capazes de buscar os próprios negócios e serão os protagonistas de seu destino. Independentemente até da formação de qualquer pai, o que todos nós projetamos e idealizamos em relação ao futuro de nossos filhos não foge muito do tripé felicidade, realização e força. Desde que eles estejam felizes com as próprias escolhas de vida, sintam-se realizados por estarem no caminho que escolheram para si mesmo (sintam orgulho disso) e sejam fortes para encarar os altos e baixos da vida, tenho certeza de que qualquer pai sentirá a sensação de que seu dever foi cumprido da melhor forma possível.

Você se considera um profissional satisfeito, realizado? Se tivesse oportunidade de voltar atrás, tomaria as mesmas decisões? Já se arrependeu, em algum momento, por não ter investido e acreditado em uma ideia antiga?

Tudo é uma questão de escolha, e, em um primeiro momento, de escolha dos pais. Desde cedo, eles precisam estimular os filhos a seguir a jornada empreendedora. Se dentro de casa já existir essa consciência e essa prática, com certeza tudo será mais fácil, porque será um processo natural pensar e agir fora dos padrões tradicionais de educação.

Você já parou para pensar no que a gente leva dessa vida? O que é importante para você, o que gosta de fazer? Já pensou em como tem aproveitado seu tempo e se está satisfeito com o rumo que sua vida tomou? Como deseja que seus filhos se lembrem de você? A famosa pirâmide de Maslow, aquela da teoria da hierarquia das necessidades, revela que o topo que se pode chegar na vida é a autorrealização. A pirâmide mostra que, para percorrer o todo, é necessário passar pelas partes, mas também há quem chegue lá sem passar por todas as etapas da pirâmide. O papel dos pais? Orientar seus filhos para que, de uma forma ou de outra, eles cheguem ao topo da pirâmide. O que eu quero dizer com isso é que, para o empreendedor, a vida não é uma escada engessada na qual é preciso passar por etapas, uma por uma, degrau por degrau. O que importa é que a visão de autorrealização seja substituída pelo LEGADO.

Esses são alguns dos fatores que sustentam meus argumentos e que embasam minha decisão como pai de incentivar meus filhos a serem empreendedores. Aliás, eles já são! Reconheço, porém, que nem todos têm a aptidão, a coragem e os motivos para construir um negócio ou seguir esse caminho.

Inclusive terão liberdade e segurança caso decidam trilhar por outro caminho. Em relação a ser empregado, é lógico que existem empregos maravilhosos nos quais você se sente parte do todo, a inovação está presente, a criatividade é incentivada, o patrão é colaborativo, participativo e humano, o ambiente de trabalho é incrível e os funcionários têm prazer e orgulho em trabalhar. Se seu filho conseguir trabalhar em uma empresa assim e conseguir ser um empreendedor funcional ou intraempreendedor, parabéns, que ele preserve sua vaga! Mas, acredite, não é fácil, infelizmente, encontrar esse emprego dos sonhos, na maioria dos casos.

EMPREENDEDOR, COMECE A PENSAR NO LONGO PRAZO

É difícil, mas muito necessário. Para que novos negócios emplaquem e permaneçam no mercado, é preciso ter muito equilíbrio, desapego, persistência e visão de futuro. É raro um negócio que é construído para durar fazer sucesso do dia para noite.

EMPREENDEDORISMO 7

Alguns empreendedores ainda ficam surpresos ao perceber quanto precisam ser resilientes e persistentes ao longo de sua jornada. Essa necessidade parece óbvia, mas o curioso é que poucos agem dessa forma. Afinal, tudo que construímos para ser duradouro precisa ser pensado a longo prazo.

Por mais que um negócio seja promissor e esteja crescendo, não existem fórmulas mágicas para alcançar o sucesso e conquistar o mercado mais rápido. Assumindo que já atingiu pelo menos o *breakeven*, parece levar de duas a três vezes mais tempo do que muitos ainda imaginam.

Uma razão que justifica de certa forma a expectativa imediatista de muitos empreendedores é o fato de eles trabalharem rápido, de maneira enxuta e simples, com planejamento diferente, e com isso eles esperam que todos os demais resultados sejam proporcionais a seu modelo, sua velocidade e sua dedicação integral. Há uma quantidade chocante de estresse de alinhamento em diferentes fases de uma startup, e é por isso que tantos negócios acabam morrendo. Uma delas é que seus fundadores prometem e criam grandes expectativas para seus investidores, seus colaboradores, e sobretudo para o mercado.

Acredito que a razão pela qual a maioria dos empreendedores se surpreende quando descobrem o tempo que leva até chegar lá é confiança em excesso. Isso até é justificável – afinal, se ele não acreditar, quem vai!? Entretanto, o erro está em pensar que vão ser um sucesso explosivo em pouco tempo.

Talvez o melhor caminho seja conversar com empreendedores mais experientes e perguntar a eles sobre essa jornada. E o que você vai ouvir? Que desapego e paciência são as chaves da perenidade e de um possível sucesso e que de qualquer forma, mesmo que seu negócio pareça ou seja mesmo incrível, precisa ser construído ano após ano, etapa por etapa. Para a maioria das startups bem-sucedidas, foi uma viagem muito longa, pelo menos três anos e provavelmente mais de cinco.

Há um lado positivo para pensar a longo prazo. Não é apenas que você tem que se resignar a tudo levando mais tempo do que deveria. Se você trabalha com paciência e de maneira menos estressante, você pode fazer um trabalho melhor porque estará relaxado; é muito mais agradável se divertir fazendo o que fazemos, sem pressão. A incômoda energia nervosa alimentada pela necessidade desesperada pode confundir e atrapalhar as decisões. Se há alguma emergência pessoal, é melhor resolver de outra forma, e não a condicionar ou misturar com suas atividades empresárias.

O.k., eu sei que nesse mercado para conseguir investimentos em estágios mais avançados (*venture capital*) é preciso fazer e crescer o triplo, o dobro, mas quem disse que todos os investidores pensam da mesma forma ou estão no mesmo estágio? Eu, por exemplo, penso e prefiro um crescimento, digamos, mais calmo, equilibrado, CONSTANTE e SUSTENTÁVEL. (Escalar negócios a qualquer custo aumenta muito o risco.)

É por isso que as coisas ficam muito melhores quando você atinge rentabilidade de maneira consciente e estruturada. Pense nisso e mais em você, não atropele as etapas nem se cobre demasiado por não fazer um negócio "virar" da noite para o dia. Mesmo que doa ou corra o risco de perder alguma coisa, pense, respire fundo e realinhe de maneira transparente TODAS as expectativas com seus sócios, sua família, seus colaboradores, seus clientes e seus investidores. Você pode mudar para um modo diferente de trabalhar e alcançar o que pretende num futuro próximo.

VINTE E SEIS CONSTATAÇÕES E REVELAÇÕES SOBRE O EMPREENDEDORISMO

Depois de muitos anos vivendo o empreendedorismo, posso dizer que conheço bem o modelo. Ao longo de minha vida, desenvolvi e empreendi em vários negócios, do mundo tradicional e digital, mas sempre motivado por uma vontade imensa de fazer mais, de conquistar. Tive fracassos e sucessos, experiências positivas e negativas ao longo dessa jornada empreendedora.

Além disso, nesses últimos dez anos decidi parar de fazer novos negócios e começar a apoiar e investir em negócios de outros empreendedores porque assim poderia multiplicar meus resultados. Minha experiência prática como investidor-anjo me permitiu estar sempre em contato com centenas de empresas e empreendedores.

EMPREENDEDORISMO 7

Acredito que isso me credencia para fazer esse resumo que, por enquanto, são apenas 26 constatações e revelações que os anos de experiência, os cabelos brancos, as porradas e os aprendizados me trouxeram até hoje.

A relação abaixo não segue nenhuma ordem lógica ou cronológica:

1. Empreender não é a única alternativa para o futuro.
2. Empreendedor de palco é aquele que nunca fez nada de concreto ou teve um CNPJ em seu nome e tenta ensinar os outros o que nunca executou.
3. O empreendedor não deve internalizar nenhum tipo de censura como culpa por um suposto fracasso, apenas deve entender que é o único responsável por seus atos, mais ninguém.
4. O fracasso financeiro e pessoal não é o "inferno" do empreendedor, até porque fracassar faz parte do aprendizado pessoal e do crescimento profissional.
5. O empreendedor tem "bom ouvido", sabe ouvir e colaborar sempre que é demandado. Não se baseia apenas em um único livro, *coach* ou mentor para se influenciar, ele usa diversos argumentos e experiências de terceiros para trilhar os próprios caminhos.
6. Empreender nunca foi autoajuda, aliás nunca vi nenhum treinamento para empreendedor com a pegada "Eu posso!" ou "Eu vou conseguir!" para obter consistência pessoal.
7. O empreendedor que não se planeja ou não tem metas não vai para o inferno, apenas não sabe para onde está indo e está mais sujeito a falhar.
8. A pessoa pessimista não está sentenciada como condenado. Acredito que cada um deve ter a própria escolha e definição de sua vida, o problema é quando interfere ou atrapalha a vida alheia com seu modo de agir e pensar.
9. Não existe nenhuma "salvação" para quem é proativo, colaborativo, criativo, engajado ou que "veste a camisa da empresa", o

> *O empreendedor tem "bom ouvido", sabe ouvir e colaborar sempre que é demandado. Não se baseia apenas em um único livro, coach ou mentor para se influenciar, ele usa diversos argumentos e experiências de terceiros para trilhar os próprios caminhos.*

que existe são atributos importantes para a convivência corporativa ou de mercado. Quem não tem esses atributos não será demitido nem irá para o inferno.

10. Não entendo o "sair da caixa" como clichê ou fórmula catequética ou ideológica, acredito que é uma maneira de olhar o momento, o ambiente e o conjunto das coisas por outras perspectivas, e não só a sua.
11. No empreendedorismo, as reuniões são abertas e, em geral, não têm regras; algumas têm modelos como Design Thinking, Business Model Canvas e tantos outros.
12. Para empreender, você não precisa nascer rico ou ter todo o dinheiro necessário; você não precisa largar seu emprego logo de cara e, claro, não precisa se jogar de um penhasco.
13. As ideias dos empreendedores nascem para atender a uma demanda às vezes ainda não mapeada. É como se você estivesse olhando para onde todo mundo está olhando, mas enxergar o que ninguém está vendo ou procurar resolver um problema real.

> *As ideias dos empreendedores nascem para atender a uma demanda às vezes ainda não mapeada. É como se você estivesse olhando para onde todo mundo está olhando, mas enxergar o que ninguém está vendo ou procurar resolver um problema real.*

14. Empreender não significa apenas abrir um negócio, mas, neste mundo cada vez mais competitivo, pela falta de emprego ou pela mudança dos empregos por conta da tecnologia, é até natural que você busque alguma ideia inovadora e disruptiva, seja para se sustentar, seja para fazer algo que ninguém mais faria.
15. A definição de gente vitoriosa não é "Gente vitoriosa cresce", essa é só uma constatação. Ser vitorioso não é apenas ter dinheiro, mas ter resiliência sobre tudo o que acontece ao seu redor. O vitorioso é ser um combatente e é feliz assim.
16. Os livros e os métodos que existem não são únicos. Na questão do empreendedorismo, por exemplo, são centenas de livros e artigos com ensinamentos de pessoas de fracassos e sucessos. Para o empreendedorismo,

EMPREENDEDORISMO 7

esses livros não são como bíblias, apenas tratam de experiências vividas por pessoas reais, boas ou ruins; são narrativas para que as pessoas se inspirem para compreender como tudo funciona e, se quiserem, usá-las apenas como referência, não como regra ou doutrina.

17. O espírito empreendedor diz respeito ao comportamento, ao *mindset*, à forma de lidar com a própria vida. Não se trata, portanto, de regras definidas ou proibições.
18. O empreendedorismo para jovens, aprender desde cedo, não se refere a "hagiografias", na analogia com a vida dos grandes empreendedores de sucesso nos livros, para serem seguidas "cegamente". Trata-se de mostrar aos jovens que existem oportunidades no mercado, além do emprego, e na vida, além do ambiente em que vive.
19. Erros ou má-fé de empresários não são sinais de iniciativas empreendedoras, mas de exemplos que não devem ser estimulados ou seguidos. Se estão colocados no livro como mérito, isso é, ao contrário, um sinal de alerta.
20. As biografias dos "grandes empreendedores" não devem ser confundidas com crenças mágicas ou um estudo a ser seguido. Não são, da mesma forma, manuais do COMO fazer. Como já disse, servem de inspiração ou orientação para quem precisa.
21. O empreendedorismo começa com sonhos e ideias, porém seu talento para trabalhar e sua capacidade de sonhar é que faz toda a diferença.
22. Ao longo dessa jornada, um dos diversos paradigmas quebrados é que a VIDA é DURA também com quem é DURO, não só com quem é MOLE. Foi assim comigo!
23. Para começar a empreender em um negócio, você precisa ser um insatisfeito e incomodado, não no sentido negativo, mas de querer sempre o melhor. Sua insatisfação pode se transformar em um negócio.
24. Se está com medo, vá com medo mesmo, mas não se jogue de um penhasco sem paraquedas. O medo o sabota, sim, mas pelo menos faz você pensar. O único medo do qual deveríamos temer mesmo é do medo limitador.

Para começar a empreender em um negócio, você precisa ser um insatisfeito e incomodado, não no sentido negativo, mas de querer sempre o melhor. Sua insatisfação pode se transformar em um negócio.

25. Se for empreender, no lado empresarial, comece pequeno, mas pense grande, seja arrojado e ousado de maneira responsável, não infrinja leis e não se prenda apenas ao plano de negócios rígido e imexivel! No lado pessoal e emocional, acredite, seja positivo, persista, tenha resiliência, espere firme a tempestade passar e não desista. E, se for desistir, que seja de maneira consciente.

26. Se existe "magia" no empreendedorismo, eu acredito que esteja no incompreensível por parte de quem não a pratica; a questão é mais simples, vou resumir: Aprender, Servir, Ganhar, Colaborar e Compartilhar.

VINTE FRASES QUE OS EMPREENDEDORES NÃO DEVERIAM FALAR PARA OS INVESTIDORES!

As palavras têm poder! Mais que isso, se você é um empreendedor, pode estimular ou afastar um investidor com uma única frase ou pensamento. Tenha sempre a consciência de que um diálogo inicial corriqueiro pode ser a chave para você conseguir outros contatos e/ou evoluir para uma apresentação de seu negócio.

Sem contar que muitas pessoas geralmente não pensam antes falar! E cometer esse erro, em especial em contato com um possível investidor, que em geral tem uma quantidade limitada de tempo para receber sua mensagem, pode definir o futuro de seu negócio.

Minha dica é: tenha certeza de que você é o mais claro e consistente possível e vá direto ao ponto. Não enrole, não conte casos, não faça piadas ou brincadeiras (até porque não existe intimidade para isso). Enfim, não perca tempo e se distraia com temas secundários – afinal, o que você deseja com o investidor que está à sua frente? Essa deve ser a pergunta.

Veja as 20 frases a NÃO dizer a um investidor. E, se você já cometeu alguns desses erros ao se comunicar, mude sua abordagem daqui para a frente e em breve verá os resultados de sua nova postura.

EMPREENDEDORISMO 7

1. Antes de eu começar, você pode assinar um termo de confidencialidade?

Investidor: Totalmente desnecessário nos primeiros contatos. Isso assusta e afasta.

2. Nosso amigo em comum recomendou que eu falasse com você.

Investidor: Você conhece a pessoa que está citando ou teve pelo menos alguns minutos de conversa com ele?

3. Seria incrível contar com seus conhecimentos no negócio!

Investidor: Seja mais específico, em quê?

4. Talvez possamos tomar um café algum dia.

Investidor: Todos já bebem café o suficiente, mas seria bom enviar nesse convite datas específicas, então não precisará ir e voltar no assunto.

5. [O empreendedor manda um e-mail]: Deixe-me saber se você gostaria de receber mais informações e nosso *deck*.

Investidor: Envie seu *one pager* ou *deck*, seja objetivo e não perca a oportunidade. O investidor pode não abrir um segundo e-mail seu.

6. O nome de nossa empresa é traktopro.com.br.

Investidor: Por que escolher um nome difícil de falar e escrever? O investidor vai esperar que haja um bom motivo, e não apenas o que eles poderiam comprar, por exemplo.

7. Nós somos o X para Y, mas com AI, redes neurais e alguns blocos polvilhados lá, mas utilizando a computação de ponta. Talvez ICO também.

Investidor: Jargão + jargão + jargão = insegurança. Para mostrar domínio e conhecimento técnico nem sempre é necessário usar termos que ninguém vai entender. Se deseja vender algo, faça isso ser compreendido, regra básica.

8. Somos os primeiros a fazer isso e não temos concorrência.

Investidor: Essa, sem dúvida, é uma das melhores! Na cabeça do investidor na hora passa: "Isso não é verdade, acabei de me encontrar com uma dúzia de startups similares com mais tração".

9. Estamos em negociações e trabalhamos com muitas empresas no momento, mas não podemos revelar quais são.

Investidor: Então, um monte de testes gratuitos para três a seis meses que só vai converter alguns.

10. Estamos tentando levantar investimento para construir alguns projetos e fazer algumas contratações.

Investidor: Parece um pouco despreocupado, como se você não soubesse o que está fazendo e não tivesse métricas e muito menos controle.

11. Basta conseguir 1% do mercado.

Investidor: Para tudo! Qual mercado? Como foi esse estudo? Qual a validação para respaldar isso?

12. Temos muitos investidores interessados nesta rodada de investimento, mas ninguém vai se comprometer até que você confirme sua participação.

Investidor: Cuidado para não falar isso para todos, os investidores se falam.

13. Temos um investidor-líder principal!

Investidor: "Espero que isso seja verdade e que você não esteja 'tentando jogar' ou distorcendo a verdade".

14. Temos os melhores mentores.

Investidor: Alguns grupos de pessoas com quem você fala esporadicamente.

15. Estamos projetando 100 milhões de dólares de receita em cinco anos.

Investidor: Boa sorte com isso, cuidado com os números exorbitantes e sem fundamento.

16. Existem outros investidores que você acha que estariam interessados?

Investidor: Não se preocupe, se houver meu interesse, vou compartilhá-lo com eles.

17. Google, Apple, Facebook e/ou Amazon nos adquirirão quando os vencermos, porque eles não podem fazer o que fazemos.

Investidor: Claro, claro, você conhece alguém lá? Tem um fundamento mais prático para afirmar isso?

18. O impossível é só questão de opinião!

Investidor: Não use frases prontas de efeito, seja o mais realista possível. Sonhadores que "viajam" são detectados facilmente.

19. Vamos crescer muito sem grandes investimentos.

EMPREENDEDORISMO 7

Investidor: Tem certeza? Se não aumentar sua capacidade operacional, como vai atender às demandas que vão surgir?

20. Minha ideia/negócio é incrível e promissora, isso basta.

Investidor: "Ou ele é realmente ingênuo ou prepotente demais para alcançar o que deseja".

ABORDAGEM

Além de entender o que não se deve falar, apenas para citar como exemplo negativo trago algumas abordagens completamente erradas das centenas que recebo por inbox:

Projeto parceria

Olá João, boa noite. Meu nome é Eduardo, estou criando um projeto (um site), com mais um sócio, que também é o programador. Nós queríamos estar expandindo, estamos visando coisas novas e eu queria saber, se seria possível você se tornar nosso parceiro, ser como o diretor e nos auxiliar-nos neste projeto, tanto em assuntos administrativos, quanto em outras coisas. Em troca, daríamos uma parte da empresa, equity, algo em entre 5% à 10% dela. Aguardo qualquer tipo de resposta, rs rs. Abraços!

Bom dia Sr. João Kepler, tudo bem? Para não tomar muito seu tempo, gostaria de saber se você se interessa em fazer uma parceria no meu projeto, preciso de investimentos para tal, estou produzindo um aplicativo para smartphone e um site social inédito, duas ideia inovadoras de um futuro muito promissor, novidade no ramo de internet e o aplicativo mais inovador do que você imagina. Se lhe interessar, quero marcar uma reunião com você e com meu desenvolvedor de sistemas. Obrigado pela atenção. Fico no aguardo.

Bom dia João, preciso de orientações e parceiros para colocar meu negócio em 'on', são 3 planos de plataformas onde mensuro poder ter resultado de significativa magnitude, bilionária em um e milionária em outros 2, a bilionária de nível nacional podendo ser mundial, as outras 2 nacionais com negociação federal e tb comercial/indústria, vc pode me ajudar como!? Tem

Boa tarde João, o que acha de um investimento de curto prazo com 100% de juros e mais 5% de participação?

Preciso de 50 mil e te reembolso em fevereiro.

Tenho uma Mineradora de ouro, com laudo que tem mais de 125 toneladas de ouro, em Macapa, valor 1 bilhão e 100 milhões de reais valor do ativo, mais de 16 bilhões de reais.

Ou aceita parceria para obter 10% da mineradora de ouro no valor de 50 milhões de reais.

Essas são apenas algumas das centenas de mensagens que recebo todos os dias. Servem, aqui, apenas para mostrar COMO NÃO FAZER uma abordagem equivocada. Se quer chamar atenção, mande apenas uma simples mensagem dizendo: "João, sabe aquele problema assim assado? Pois é, eu resolvo ele dessa forma. Se lhe interessar me chame que lhe apresento o projeto". Simples assim!

NICHO E CASOS REAIS

A QUESTÃO NÃO É QUANTO O EMPREENDEDOR GANHA, MAS SIM QUANTO ELE GASTA

Pelas minhas andanças, tenho conversado com empreendedores que progrediram de vida nos últimos anos, porém infelizmente muitos deles ainda não entenderam a regra básica de sobrevivência: gastar menos do que se ganha. Parece óbvio, mas para muitos não é!

O que quero alertar aqui é que tudo é uma questão de perspectiva e de padrão de vida. Para muitos, o que ganham é o suficiente para se manter, se divertir e poupar. Para outros, seria necessário duas vezes o que ganham para continuar mantendo o que acham importante ter, mostrar e fazer.

Eu sei que muitos se apresentam de maneira que não podem "bancar" porque precisam ser igual ou melhor que seus pares. Eu entendo e tenho pensado muito sobre isso e em como se aplica aos empreendedores.

Certo dia, li um texto do Tony Robbins do treinamento *Financial Freedom: 3 Steps to Creating & Enjoying the Wealth* [Liberdade financeira: três passos para criar e aproveitar a riqueza] que dizia que somos como uma "máquina de fazer dinheiro". Se você parar de trabalhar, a máquina para, o fluxo de caixa para, sua renda para, ou seja, você recebe de volta apenas o que você colocar nela.

Mas a questão principal é: sua máquina NÃO pode continuar trabalhando até você tomar a decisão financeira mais importante de sua vida:

Qual parte do que você ganha você vai usar para se manter?

Quanto você vai reservar?

Quanto você vai usar para pagar gastos extras?

Mesmo que seja variável, transforme tudo em percentual e siga o que definiu.

A ideia é simples e básica: faça um orçamento das despesas, avalie o que é necessidade mesmo e só gaste aquilo que for preciso. Agora, se suas necessidades são maiores do que você ganha, trate de reduzir seu PADRÃO DE VIDA. A menos que você esteja disposto a trabalhar mais só para rolar e pagar juros bancários ou do cartão de crédito. Não adianta, por exemplo, ganhar 3 mil reais por mês e gastar 5 mil reais.

Acredite, padrão de vida é uma questão de costume. Você vai se acostumar ao enquadramento de seu orçamento, basta começar. Ah, lembre-se de que *show off* não é investimento!

A questão NÃO é relativa a deixar de fazer todas as coisas que dão prazer a você só para economizar, mas deixar de fazer algumas coisas que você faz só pra "aparecer". O certo é gastar menos e apenas no que for necessário. Por exemplo:

- Por que morar em um lugar que não se encaixa em seu orçamento?
- Por que ter um carro que o IPVA e o seguro são caros e pesam em seu bolso?
- Por que usar roupa de marca, se você pode usar um *fast fashion*?

A ideia é simples e básica: faça um orçamento das despesas, avalie o que é necessidade mesmo e só gaste aquilo que for preciso. Agora, se suas necessidades são maiores do que você ganha, trate de reduzir seu PADRÃO DE VIDA. A menos que você esteja disposto a trabalhar mais só para rolar e pagar juros bancários ou do cartão de crédito. Não adianta, por exemplo, ganhar 3 mil reais por mês e gastar 5 mil reais.

Não adianta viver só para trabalhar, e sei que não podemos abrir mão de todos os nossos pequenos prazeres, porém, como eu disse, o importante não é somente quanto você ganha, mas como gasta seus recursos.

Uma boa notícia é que os valores estão mudando, hoje a sociedade e o ecossistema empreendedor dão muito mais valor ao capital intangível, o intelectual, do que em outras épocas. Coisas como atenção, colaboração, compartilhamento e reciprocidade são as moedas mais valiosas deste século. Portanto, se quer ou precisa aparecer, economize seu suado dinheiro com bens materiais e faça um *show off* de outra forma.

Se você se identificou com o que relatei, aproveite e comece agora a olhar por outras perspectivas e a repensar suas despesas, pois o homem só tem valor na área intelectual pelo que ele sabe e, na área financeira, pelo que tem no caixa, e não pelo que ele aparenta ter.

COMO UM MENTOR PODE AJUDAR EM SEU NEGÓCIO?

Quando uma pessoa me procura e diz que está com sede, ela não espera que eu lhe dê a fórmula da água, muito menos que abra um livro e comece a explicar a importância da chuva e os benefícios dela para a saúde do homem. O que interessa é descobrir onde existe uma fonte de água potável e matar a sede. Quem tem sede não quer explicações, quer uma jarra d'água, de preferência cheia e bem fresquinha. Trazendo isso para a realidade, este é o papel do mentor: mostrar as alternativas e os caminhos para se conquistar a água.

O mentor é basicamente o guia, o mestre, o conselheiro, o grande pensador. Ser mentor não é para qualquer um. Para ser mentor, é preciso ter tido experiências práticas e usar os próprios conhecimentos e vivências em sua área para poder partilhá-los com seus mentorados. É aquele que já desbravou caminhos desconhecidos, já ultrapassou barreiras, já fez e já chegou lá e agora está disposto a compartilhar seus erros e suas conquistas. Ele é diferente de um professor, instrutor, facilitador, consultor etc.

É preciso cuidado, pois o mentor não é um atalho para o sucesso. O caminho é sempre longo. O mentor não faz milagre nem é mágico. Ele vai ajudá-lo e incentivar a ampliar sua visão, a encontrar os melhores caminhos e, algumas vezes, até encurtá-lo. Eles já sabem as rotas do que fazer e quando fazer, e isso vale muito.

Todos precisam de mentores, até os que se acham mais experientes. Sozinhos seria muito mais difícil seguirem na trilha. Eu, por exemplo, apesar de

Uma boa notícia é que os valores estão mudando, hoje a sociedade e o ecossistema empreendedor dão muito mais valor ao capital intangível, o intelectual, do que em outras épocas. Coisas como atenção, colaboração, compartilhamento e reciprocidade são as moedas mais valiosas deste século. Portanto, se quer ou precisa aparecer, economize seu suado dinheiro com bens materiais e faça um show off de outra forma.

ser mentor de vários empreendedores, tenho meus mentores, meus ídolos, as pessoas que me inspiram. Sempre que preciso, recorro a eles. E sou muito grato por poder contar com essa ajuda, sou grato até mesmo aos "nãos" que eles já me deram.

Mentoria, na prática, são conversas, debates e reuniões com ou sem métodos predefinidos sobre assuntos ligados à sua jornada e ao seu negócio. Esse processo possibilita o aprendizado e o desenvolvimento. Mas, atenção, é preciso fazer sua parte e não transferir para o mentor a responsabilidade de encontrar soluções rápidas para todos os seus problemas. O papel do mentor é ajudar a olhar por outras perspectivas, formular respostas corretas, pegar na mão e mostrar validações por meio de exemplos, ajudar a perceber o que precisa ser avaliado no momento em que você mesmo toma as próprias decisões.

O mercado respeita quem é mentorado por aqueles que já conseguiram obter êxito em seu papel. É a adaptação do velho ditado: "Mostre-me quem é seu mentor, que eu te direi aonde vai chegar!".

Decidiu procurar um mentor? Então olhe sobretudo o *track record* da pessoa, o que já realizou, as empresas de que participou, onde trabalhou, a experiência. Veja também o que pensa, escreve e fala em posts, artigos e eventos. Se conhecer alguém que já se aconselhou com ele, melhor ainda. Procure pelo passado dele, o que já fez, não só o passado moral, mas a experiência efetiva naquilo que você precisa dele, ou seja, como esse mentor pode ser útil em sua questão específica. Pode ser um ou mais mentores, porém, o ideal é que sejam especialistas nas áreas em que você tem mais dificuldade e precisa de ajuda. Quanto mais específico você for nesse momento de definir os objetivos, melhor.

NICHOS E CASOS REAIS 8

Os mentores são nossos heróis, aqueles nos quais nos espelhamos e, de alguma forma, gostaríamos de fazer as mesmas coisas que eles ou sermos iguais a eles. "Se conseguiram, eu também posso!" Podem fazer com que você se sinta especial e que isso impacte positivamente sua autoestima, sua autoconfiança, e em especial mude suas escolhas e seu destino.

QUANDO O DINHEIRO ENCONTRA O TALENTO

Pouca gente sabe de meu trabalho silencioso de "anjo" em apoiar pequenos negócios, de fazer mentoria, de aconselhamento, de fornecer infra e suporte, de networking e, quando é possível, de pequeno investimento financeiro.

É um tipo de atividade intangível, pois são negócios inovadores de compreensão e medição difíceis e que atuam no mundo digital. Quando tento explicar para alguns empresários, a maior indagação é: "Mas onde está o dinheiro de verdade?"; "Não confio nessa molecada!"; "Só vejo blá-blá-blá!".

O que os empresários tradicionais falam não deixa de fazer sentido quando perguntam sobre o "dinheiro de verdade". E isso por duas razões: a primeira porque se investe muito pouco nesses negócios para apoiar o desenvolvimento no estágio inicial, e a segunda porque muitos demoram a decolar ou a retornar o investimento aplicado.

No entanto, nem tudo são flores, conheço vários "investidores-anjo" ou "aceleradores" que já se cansaram de colocar sua experiência, sua inteligência e seu dinheiro e perderem tempo por terem investido nos empreendedores errados. Sim, porque muitas vezes o projeto é bom, mas as pessoas que tocam nem tanto.

Todavia, com todo esse movimento, a boa notícia é que hoje sou procurado por empresários, profissionais liberais, grandes empresas e consultores que já entendem como tudo funciona (o intangível) e interessados em apoiar, participar e investir recursos em projetos e negócios que possam escalar e fazer sentido para o mercado.

AVANÇO DO *MINDSET* EMPREENDEDOR

Quando observamos Mark Zuckerberg desenvolvendo escolas; Larry Page, cofundador do Google, elaborando projeto de carros autônomos, lentes de contato inteligentes e, agora, até carros voadores; Jeff Bezos da Amazon criando sua própria logística; Larry Ellison da Oracle construindo laboratório de sustentabilidade; Elon Musk trabalhando seu Hiperloop, que é um transporte que levita sobre trilhos na velocidade da luz, e da mesma forma pensa em colonizar Marte com sua SpaceX; e, até mesmo, o exemplo já anterior a esses, o do Bill Gates e sua dedicação à filantropia e a projetos sociais, isso tudo me faz pensar que eles estão transferindo suas ambições escaláveis para questões cívicas na educação, na saúde, no transporte e até mesmo de sobrevivência da humanidade.

Posso estar "viajando" nesse pensamento, mas me parece um avanço no *mindset* empreendedor e um amadurecimento do Silicon Valley, onde, além de desenvolver negócios inovadores digitais na internet, passaram a fazer (e a focar em) coisas ainda mais disruptivas, humanitárias e em diferentes indústrias tradicionais.

Seria uma oportunidade para eles, ganância, amadurecimento, ou a pirâmide de Maslow pode explicar isso? Decerto ainda não temos respostas definitivas, os próximos anos e capítulos nos revelarão. Por enquanto, deixo aqui esse ponto para reflexão e amadurecimento, e independe da resposta o fato de querermos evitar erros!

DEPOIMENTOS DE EMPREENDEDORES DE STARTUPS SOBRE A JORNADA E SOBRE COMO CONSEGUIRAM INVESTIMENTO

CASE TRAKTO
Paulo Tenório

Para qualquer startup *early stage* levantar capital é uma questão de vida ou morte.

E com o Trakto não foi diferente. Rodamos o Trakto durante dois anos *bootstrap*. E nesses dois anos fui construindo uma relação com o Kepler

NICHOS E CASOS REAIS 8

na qual mostrava a viabilidade do negócio por trás da ideia. Onde todo mundo via risco, o Kepler enxergou uma oportunidade e topou o desafio. Foram incontáveis horas de conversa, mentoria e trabalho desde que assinamos o primeiro contrato de investimento. Nos altos e baixos, o Kepler estava presente.

Três anos após a primeira rodada de investimento, posso afirmar que a estratégia certa para *funding* é diretamente proporcional ao sucesso da startup. E para planejar uma boa estratégia é preciso pensar e se projetar como investidor.

Decidiu procurar um mentor? Então olhe sobretudo o track record da pessoa, o que já realizou, as empresas de que participou, onde trabalhou, a experiência. Veja também o que pensa, escreve e fala em posts, artigos e eventos. Se conhecer alguém que já se aconselhou com ele, melhor ainda. Procure pelo passado dele, o que já fez, não só o passado moral, mas a experiência efetiva naquilo que você precisa dele, ou seja, como esse mentor pode ser útil em sua questão específica.

Com este livro, é possível aprender como funciona a mente de um investidor, o que desperta interesse e o que causa um sonoro "não".

CASE HAND TALK
Ronaldo Tenório

O fundador de uma startup tem a grande missão de gerenciar dois importantes funis de venda: em uma *pipeline* estão os clientes finais, em que vendemos nosso produto/serviço, e em outra os investidores, que são bem mais exigentes e com os quais negociamos a participação em nossa startup por grana junto com o famoso smart money.

Ao longo de minha trajetória como fundador e CEO da Hand Talk, passamos por algumas rodadas de investimento, desde grana própria, investimento-anjo, até a rodada de *venture capital*, na qual conversei com 34 fundos antes de fechar. E se tem uma grande lição que aprendi nessa jornada foi que o dinheiro do investimento um dia acaba e o investidor continuará sendo seu sócio. Por isso, escolher um investidor que tenha *fit* com seu propósito e uma boa experiência de mercado é essencial, e nisso eu posso falar que a gente acertou em cheio, desde o primeiro investimento-anjo, do qual o Kepler fez parte e que contribui muito para o crescimento da Hand Talk até hoje.

CASE PETITEBOX
Felipe Wasserman
Quando resolvemos procurar investimentos para a Petitebox, eu não tinha nem ideia de como fazer, nem mesmo quanto valia minha empresa! Pesquisei muito e recebi várias opiniões e informações contraditórias. Até que fui chamado para fazer um *pitch* para investidores e consegui alguns olhares positivos sobre o projeto. Um desses olhares foi do João Kepler, mas naquele momento ele me falou que eu ainda não estava pronto, e recebi o primeiro "não"!

Entretanto, isso foi um incentivo para me esforçar mais e, quando eu voltei a falar com ele, estava bem mais pronto e recebi meu "sim"! Decidimos captar via *crowdfunding* com ele na liderança e batemos o recorde brasileiro, captando 550 mil em três dias! A estratégia foi até simples: projeto fácil de explicar, networking e o mais importante — mostrar que antes de procurar investimento já tínhamos batalhado muito (o famoso ralar o joelho).

CASE VAI.CAR
JP Galvão
Nossa história começa com a limpeza do saldo de minha conta-corrente, a ajuda de amigos/familiares e nosso primeiro anjo. O ano era 2016, em Miami, Flórida, onde vivo até hoje. Durante uma corrida de Uber, perguntei ao motorista por que ele não trabalhava com carro alugado em vez de usar o dele mesmo, e ouvi dele a respeito dos desafios de alugar um carro. Eu nunca tinha enfrentado esses desafios pois sempre tive os requisitos necessários para as locadoras. Fui investigar e descobri uma oportunidade — mais que isso, descobri que estava iniciando no mundo uma "corrida do ouro" pelo novo modelo de propriedade de veículos.

Montei um plano de negócios bem básico, uma planilha mesmo, para entender a viabilidade da ideia. Eu tinha um problema, pois precisava de bem mais dinheiro para colocá-la de pé do que eu tinha disponível. Limpei todas as minhas contas-correntes e de investimento, vendi o carro de meus sonhos que lutei anos para comprar, pedi investimento a alguns amigos próximos: um deles acreditou na ideia, os outros disseram que era apenas mais uma de minhas loucuras. Começamos a companhia com esse dinheiro, e ele acabou muito rápido. Precisávamos atrair investidores que comprassem esse sonho. A empresa mal tinha saído do papel, vendíamos 10 e gastávamos 30, quem colocaria dinheiro num negócio assim? Foi quando ouvi falar pela primeira vez em investimento-anjo e vi um encontro que aconteceria em uma semana em Miami chamado: Miami Angel Summit. Decidi ir. Tínhamos 800 dólares na conta da empresa, e a entrada para o evento era 750 dólares, então conversei com meu sócio e ele disse: "Se temos só uma bala, vamos atirar no lugar certo". Então investimos no evento.

Nesse encontro, uma das palestras falava sobre investimento-anjo na América Latina e havia um investidor-anjo representando o Brasil; o nome dele era João Kepler. Ouvi atentamente ao que ele disse. Quando terminou sua fala, ele saiu e foi em direção ao banheiro... e eu não pensei duas vezes: segui-o até lá e fiz o *pitch* da empresa na porta do banheiro. Ele achou estranho ser seguido até o banheiro, mas o fato é que, três meses depois, ele estava transferindo o primeiro investimento para nossa empresa num *valuation* de aproximadamente 3 milhões de reais. Escrevo esse depoimento sentado de um café em Amsterdã, onde estamos concluindo o Série A de nossa empresa 18 meses depois, num *valuation* aproximadamente de 100 milhões de reais.

CASE SMARTHINT
Rodrigo Schiavini

Captar dinheiro para uma startup parece algo fácil, mas não é! Dinheiro para investimento tem disponível, mas projetos preparados para recebê-los, não.

Fiz um *elevator-pitch* por WhatsApp para a Bossa Nova. A próxima iteração foi o *pitch* de cinco minutos. Depois da apresentação, a resposta foi:

"Estamos dentro. Se todo empreendedor estivesse preparado assim, minha vida seria mais fácil". Em trinta dias, o investimento foi concretizado.

É claro que, para isso ocorrer, foram mais de 40 *pitches* para diversos investidores, números iniciais da empresa concretos e de visível de crescimento.

CASE REPASSA
Tadeu Almeida

Se você está lendo este livro do "mestre" João Kepler, um dos "anjos" que o céu colocou em meu caminho, é provável que esteja empreendendo ou pensando em empreender. Por isso, lhe dou meus parabéns. Fazer um empreendimento dar certo do zero é uma tarefa árdua que, acima de tudo, exige muito estômago, resiliência, humildade e aprendizado. Afinal, você vai ter que fazer bem muita coisa essencial para o negócio e que você nunca fez. Aprender a capitar investimento é uma delas e é questão de vida ou morte para uma startup, visto que é preciso manter a empresa viva enquanto ela aprende, "pivota" algumas vezes, chega ao *Product Market Fit* e traciona, gerando crescimento, receita e atraindo novos investimentos.

Em minha jornada à frente do Repassa, conseguir investimento não foi nada fácil. Pelo contrário, exigiu muito trabalho, aprendizado, pesquisa, dezenas de cafés, sangue-frio, e sempre veio no último fôlego de caixa da empresa. Gosto muito dessa analogia em que a empresa é um mergulhador respirando em baixo d'água (*burn rate*) e o investimento é um novo cilindro de oxigênio. Em nosso caso, todas as vezes o investimento entrou quando já estávamos praticamente sem ar e o novo cilindro só era suficiente para mais alguns meses de fôlego, até que precisássemos de um novo.

Por isso aprendi que é preciso construir e nutrir relacionamentos verdadeiros o tempo todo. Se você está sempre semeando, sempre terá algo para colher. Você não pode sentar e esperar o investimento cair do céu. É preciso se mexer, fazer contatos, usar sua rede de relacionamentos e os relacionamentos deles, usar ferramentas como o LinkedIn para achar mentores que entendem tudo na área de seu negócio, frequentar eventos etc. Ou seja, invista muita energia, seja íntegro e na hora certa o céu colocará um anjo em seu caminho, que acreditará em seu

NICHOS E CASOS REAIS 8

potencial, no que você está construindo, e estará disposto a arriscar o próprio capital para fazer parte disso. Desejo-lhe sorte e muito trabalho em sua jornada!

CASE SUPER AGENDADOR
Davi Iglesias

A ilusão do empreendedor é achar que sua ideia é excepcional por si só e que o papel do investidor é apenas abrir a carteira e fechar a boca. Em nossa busca por investimento, recebemos duras críticas e sugestões que apenas hoje, com a mente limpa, pudemos ver que nos tiraram do precipício que nós mesmos estávamos cavando.

CASE STANDOUT
Andréa Miranda

Tive o privilégio de conhecer o JK há uns três anos: ele é um dos líderes no fomento ao empreendedorismo brasileiro, investidor renomado, e eu empreendedora recente, que, apesar de ter passado vinte anos navegando entre TI e Marketing, estava enfrentando pela primeira vez os desafios de transformar uma apresentação em PowerPoint em uma empresa de inteligência em trade marketing digital de sucesso.

Naquele dia, eu estava fazendo o (primeiro, literalmente) *pitch* de minha vida, e ele foi generoso o bastante para gentilmente nos mostrar quanto nossa empresa ainda não estava pronta para receber um investimento e nos orientar para buscarmos alguns *milestones*, que nos direcionariam na jornada para a evolução da empresa, mostrando que o *funding* seria uma consequência. E sempre me acompanhou.

Há alguns meses, dezenas de clientes depois e com um faturamento consistente, nos encontramos mais uma vez quando a STANDOUT ganhou a Startup Race do evento Digitalks. Aqueles *milestones* já tinham sido atingidos e superados, e estávamos realmente prontos para decolar, prontos para uma rodada de investimentos que nos levasse para um nível muito maior. E lá estavam o JK e a Bossa Nova, reconhecendo nossa evolução e nos apoiando com o verdadeiro smart money!

CASE MUNDDI
Thiago Malpeti

Captar investimento é um processo que requer muito preparo e resiliência. Estarmos preparados nos ajudou a abrir as portas com os investidores certos. A resiliência foi fundamental para concretizar esses aportes.

João Kepler, como grande investidor que é, soma visão e conhecimento a todo o ecossistema de startups. Este livro é sem dúvida uma referência imprescindível para empreendedores que estão em busca do próximo investimento.

CASE AGENDA EDU
Anderson Morais

Sem dúvida, tomar a decisão por captar um investimento requer bastante planejamento e dedicação. São horas a fio debruçado no entendimento do estágio do negócio, nos desafios internos e na destinação do capital a ser levantando, para depois iniciar com segurança um *road show* focado nos fundos que tenham uma tese de investimento alinhada ao que você está buscando, o que pode durar alguns meses, dependendo dos *players* escolhidos e do *timing* de relacionamento/fechamento.

Durante nossa jornada no Agenda Edu, sempre buscamos conhecimento (como o que está estampado nesta obra) e ficamos próximos de pessoas relevantes, por meio de relacionamentos que foram cultivados ao longo de nossa trajetória, o que facilitou o *network* e nos aproximou dos investidores potenciais, facilitando a construção de um *pipeline* de oportunidades que foram trabalhadas durante a captação. Fatores como escolher o tempo certo para captar e buscar o dinheiro com foco no crescimento, e não em sustentar a operação (que já estava no *breakeven*), foram super-relevantes para um bom *deal* com um dos maiores VCs do Brasil.

Posso dizer que, durante esse processo, aprendi algumas coisas que acredito ser imprescindíveis para levantar recursos com investidores (em qualquer estágio): esteja bem preparado; busque conhecimento em toda a jornada; aproxime-se das pessoas certas para acessar bons investidores;

NICHOS E CASOS REAIS 8

utilize o bom senso nos planos de crescimento, sempre olhando para dados históricos e de mercado; tenha certeza de onde vai alocar os recursos; não busque somente dinheiro, mas sim sócios que vão impulsionar o crescimento de sua empresa.

Essas startups têm uma característica em comum, os empreendedores são *outliers*, ou seja, fora da curva. Fizemos os investimentos neles não somente pelo negócio em si, mas, também, pelos empreendedores que detêm as principais características humanas nesse negócio: habilidade, competência, humildade, garra, resiliência e gratidão. Como sempre digo: investimos em GENTE.

REINVENTAR PARA SOBREVIVER

OLHOS DE LINCE: É PRECISO ENXERGAR O QUE NINGUÉM VÊ!

Quando olho para trás, percebo que sempre fui "do contra". Nadar contra a maré se tornou minha especialidade. Minha trajetória empresarial e meu posicionamento como líder destacam-se porque sempre fui na contramão dos demais ou em um mercado ainda inexplorado.

E como isso acontece? Quando os outros não olham para um mercado ou desacreditam de determinado nicho ou não entendem dele, deixam para lá, desdenham ou apostam "que não vai dar em nada", se fizer sentido para mim, é lá que eu estou. Nunca segui o óbvio, nenhuma "boiada" ou modinha, e muito me orgulho disso. Em minha opinião, é muito mais fácil se iludir e quebrar a cara quando você aposta todas as suas fichas no que "todo mundo" está fazendo (a mesma coisa).

É claro que por ter essa mentalidade e atitude paguei um preço alto várias vezes. Sei que em diferentes momentos e contextos do mercado e de minha própria vida eu me posicionei à frente de meu tempo, às vezes até de minha própria capacidade. Mas, quando olho pelo retrovisor, o resultado foi muito positivo em todos os sentidos, principalmente em aprendizado e em resultados.

Poucas pessoas estão dispostas a pagar esse preço e a arriscar perder tudo ou dar a cara a tapa. A maioria se prepara apenas para os aplausos e os retornos positivos, fazem opção pelo caminho mais curto e menos arriscado, não suportam admitir que podem errar e que algo pode sair diferente do esperado. Pois bem, alguns descrevem essa habilidade como "olhos de lince", que é uma expressão em português usada para descrever alguém que tem uma visão acima da média, que enxerga além do que todos veem. Quantas pessoas você conhece com essa capacidade?

Ser visionário é conseguir enxergar além do óbvio, para onde todos estão olhando, é perceber o que ninguém consegue ver e prever que o que vem pela frente não é uma tarefa fácil e requer esforço repetido. Quando era jovem, ouvi a lenda de um piloto chamado Linceu, da expedição dos "argonautas", grupo composto de 56 heróis da mitologia grega que embarcaram no navio Argo para conquistar o Tosão de Ouro (a lã de ouro do carneiro alado Crisómalo). Linceu tinha uma visão tão boa que podia ver através de paredes de pedra para verificar a existência de potenciais tesouros escondidos. Outros afirmavam também que Linceu tinha a capacidade de conseguir ver o que acontecia no céu e no inferno. Em uma ocasião específica, conseguiu contar de uma só vez a uma distância de mais de 200 quilômetros o número de barcos de uma frota de guerra que tinha saído de Cartago. A cada dia que passa, busco treinar ainda mais essa visão diferenciada que alguns chamam de "chute", "sorte" e até de "toque de Midas".

Ser visionário é conseguir enxergar além do óbvio, para onde todos estão olhando, é perceber o que ninguém consegue ver e prever que o que vem pela frente não é uma tarefa fácil e requer esforço repetido.

O que eu faço? Na maioria das vezes me distancio, observo por outras perspectivas e tomo decisões com paciência e responsabilidade (apesar de não parecer!). Em resumo, procuro por mares nunca antes navegados, ou até olho para onde todo mundo está olhando, mas tento ver o que ninguém está conseguindo enxergar naquele momento.

Foi assim com vários negócios e mercados ao longo de minha jornada, antes obviamente de eles virarem padrão de mercado. Seguem apenas alguns exemplos, de maneira cronológica, dentre os vários que vivenciei:

- A informática nos anos 1980/1990;
- A cooperativa de serviços em 1990;

REINVENTAR PARA SOBREVIVER 9

- O software para automação de concessionárias de veículos em 1995;
- A venda porta a porta direta da fábrica nos anos 2000;
- O crédito consignado em 2003;
- Os ingressos on-line (*one click to buy*) em 2007;
- Os investimentos-anjos e as startups em 2009;
- As vendas na era digital em 2010;
- A *micro venture capital* no Brasil em 2015;
- As oportunidades diferentes em tokenização de ativos em 2018.

Assim, consegui chegar aonde estou hoje, entre erros e acertos, sempre fazendo apenas o que gosto, mas sem me acomodar quando estava ganhando. Ao longo dessa jornada fracassei também, nem tudo deu certo. Mas o que fazer quando algo não está dando certo? Reclamar? Culpar alguém ou o mundo? Ou chorar sobre o leite derramado? Jamais! Respirar, repensar, refazer, levantar a cabeça, virar a página e buscar novos negócios sempre. Foi o que fiz! Nunca permiti que meus sonhos fossem sepultados pelas dificuldades que enfrentei ou por comentários negativos dos outros, por isso aprendi a corrigir os erros durante a trajetória. Dessa forma, também já me chamaram de "Fênix" (aquele que consegue ressurgir das cinzas).

Garanto a você que é muito pior viver à margem de sombras, seguir apenas tendências ou o que falam para você fazer. Posicione-se, levante a cabeça, tome decisões pensadas, arrisque mais, acredite em você em primeiro lugar. Nunca mais somos os mesmos depois que damos chance às oportunidades.

TEORIA DA SELETIVIDADE NO MUNDO EMPRESARIAL

Entenda por que tudo que é "público" e fácil demais não representa as melhores oportunidades. Você já se deu conta da quantidade de ofertas e possibilidades a que somos expostos todos os dias? Existem especialistas de tudo, promoções imperdíveis, uma oportunidade para fazer isso ou aquilo. É uma verdadeira enxurrada de informações que aparecem de todos os jeitos e horários por e-mail,

WhatsApp, telefonemas, links patrocinados, ou seja, somos abordados o tempo todo e de todas as maneiras.

O que eu quero é chamar atenção para o fato de que hoje em dia os melhores funcionários não são encontrados em agências de emprego ou em currículos impressos recebidos nas empresas; também não encontramos as melhores opções de startups buscando onde elas costumam ser ofertadas nem as melhores opções de apartamentos procurando em placas na rua ou em sites.

Esse insight veio de meu filho Theo, que me chamou atenção para isso. E esse raciocínio é para explicar o fato de que sempre que há uma oferta — existe uma oportunidade melhor, ainda que não tenha sido aberta publicamente. E a questão é: você faz parte do time dos que aceitam a primeira opção que oferecem ou pesquisa, entende e busca a melhor e mais adequada oportunidade? Você é aquele que oferece seu trabalho, serviço ou produto onde todos oferecem?

Com toda a certeza, tudo que está disponível de maneira fácil não é a melhor opção. Aliás, não é por acaso que existem algumas coisas que são disponibilizadas de maneira exclusiva por meio de grupos fechados, convites e meritocracia. Minha dica para quem ainda não é um desses "seletos" é demonstrar que você sabe o que quer e onde vai encontrar ou oferecer o que quer vender. Não adianta entrar numa loja que só vende determinada marca de carros, por exemplo, uma vez que o carro que você deseja não é comercializado ou exposto no pátio ali. Esse exemplo parece óbvio, mas não é! Ou seja, otimize seu tempo, sua busca e seja mais assertivo e seletivo.

As melhores opções da vida não costumam vir de maneira fácil; sempre é necessário ir a fundo no assunto e ter uma noção de onde conseguir o melhor em cada oportunidade, mesmo que não esteja em oferta. Lembre-se de que quem faz suas escolhas e traça seus caminhos é você mesmo. Então não gaste sola de sapato batendo de porta em porta à procura de qualquer coisa. Escolha a porta certa e descubra o segredo para conquistar sua chave. Então, quando essa porta se abrir, você entenderá o verdadeiro valor das escolhas certas e da teoria da seletividade.

REINVENTAR PARA SOBREVIVER 9

A NECESSIDADE DE REINVENTAR

O século XXI inquestionavelmente trouxe mudanças significativas para a sociedade como um todo. Nos últimos anos, foi preciso "reaprender" a comprar, vender, aprender e inserir novas formas de comunicação, de marketing e até como usar a tecnologia a seu favor. O fato é: estamos na era da valorização dos bens intangíveis e do capital intelectual e de novos modelos de negócios. Ou seja, hoje as ideias e os projetos sólidos valem mais que muitos prédios enormes de concreto, e isso sinaliza uma tendência irreversível.

E, em meio a tantas mudanças (rápidas, diga-se de passagem), os empresários estão diante dos maiores desafios que já enfrentaram nos últimos tempos. Não digo isso só pela crise brasileira ou pela quarta revolução industrial com a era cognitiva, da robotização e de inovações disruptivas, mas por todo o contexto e as mudanças que estão ocorrendo, sendo elas físicas, digitais e biológicas (e sobretudo no que diz respeito ao propósito de vida e trabalho).

Só para lembrar, a geração hiperconectada (por causa da internet) é fruto da ação conjunta de tecnologias e também do "barateamento" e do acesso mais fácil à inteligência artificial, à Internet das Coisas, à computação cognitiva, à nanotecnologia, aos vídeos 360°, às impressoras 3-D e aos avanços da realidade virtual. Tudo isso promove a fusão entre o mundo físico, o virtual e o biológico. Outro ponto que merece destaque é o fato de que a interação do homem com os robôs deve aumentar. As vendas

As melhores opções da vida não costumam vir de maneira fácil; sempre é necessário ir a fundo no assunto e ter uma noção de onde conseguir o melhor em cada oportunidade, mesmo que não esteja em oferta. Lembre-se de que quem faz suas escolhas e traça seus caminhos é você mesmo. Então não gaste sola de sapato batendo de porta em porta à procura de qualquer coisa. Escolha a porta certa e descubra o segredo para conquistar sua chave. Então, quando essa porta se abrir, você entenderá o verdadeiro valor das escolhas certas e da teoria da seletividade.

de robôs, segundo a International Federation of Robotics (https://ifr.org/), têm crescido continuamente. Em 2015, foram vendidos, no mundo todo, 255 mil, e estima-se que em 2018 serão 400 mil. Resultado? Uma era das tecnologias exponenciais!

No entanto, acredito que toda essa tecnologia e evolução nos deixará cada vez mais humanos. Sim, é isso mesmo que você acabou de ler. Note como todos os aplicativos e facilidades que surgiram têm nos ajudado a ganhar tempo (que pode e deve ser dedicado a coisas valiosas). Mesmo que tudo mude com uma velocidade assustadora – o próprio mercado de trabalho, por exemplo, está sendo mudado drasticamente. Nos próximos dez anos, 50% das profissões de hoje deixarão de existir. Prova disso é o fato de as cinco maiores empresas do mundo em valor de mercado hoje serem empresas de algoritmos e plataformas que não pertencem a setores tradicionais que conhecemos.

Pois bem, o maior desafio do empresário não será apenas enfrentar as mudanças, competir e conviver com as novas tecnologias, mas ter novas competências e saber usar as habilidades essenciais, como criatividade, visão, inteligência emocional e empatia, para conseguir sobreviver e ajudar suas empresas.

O que isso significa? Que os "novos empresários" adotaram não apenas uma nova postura – eles têm uma visão diferente do mercado e do mundo. Mercados como saúde, educação, agricultura, finanças e varejo estão sendo modificados pela tecnologia, que é conduzida por percepções e necessidades humanas.

Assim como as pessoas, as empresas também vivem de ciclos, fases que contemplam altos e baixos, crises, abundância etc. Em meio a tudo isso, as empresas que buscam se destacar precisam apostar na flexibilidade, em propósito e, sobretudo, acreditar no poder da diversidade. A diversidade que une, soma e multiplica boas ideias e ações. Na prática, isso significa que uma empresa visionária investe em pessoas como seu maior ativo e, sim, pessoas diferentes! Lembre-se de que não existem padrões capazes de definir competência e comprometimento. São pessoas que sabem o que

9 REINVENTAR PARA SOBREVIVER

querem e movimentam esse "novo mundo", porque são movidas por incômodo e inquietação, impulsionadas pelas adversidades, pelo senso crítico, por discernimento moral e, obviamente, por opiniões convergentes e divergentes. E isso vai fazer sua empresa, seja ela de qualquer segmento, navegar nessa nova era sem turbulência.

Em suma, acredito que saímos de um período em que as máquinas foram criadas e pensadas para atender outras máquinas. Os processos e as invenções passaram a ser idealizados para atender às necessidades de pessoas comuns, assim como você e eu. É preciso olhar além e enxergar mais do que projeções financeiras ou projetos de expansão.

Estou falando sobre viver a história e liderá-la, em vez de esperar que alguém a conte para você. Tomar frente e iniciativa, e não apenas esperar pelas próximas tecnologias ou mudanças que virão.

Por que a maioria das empresas morre hoje? Basicamente porque não soube lidar com as mudanças, com os desafios, não teve capacidade nem velocidade para traçar novos caminhos e seguir em frente. O fato é que conforto e crescimento não coexistem.

A beleza de tudo isso é que viveremos para ver a era em que a tecnologia servirá para realizar feitos, de fato, humanamente impossíveis. E nós, seres humanos, viveremos sempre para criar o novo. Não à toa, humanizar a tecnologia é um dos alicerces fundamentais da transformação digital pela qual trabalhamos tanto. A ideia de expandir a inteligência humana por meio da tecnologia nunca ficou tão clara quanto agora.

> *Por que a maioria das empresas morre hoje? Basicamente porque não soube lidar com as mudanças, com os desafios, não teve capacidade nem velocidade para traçar novos caminhos e seguir em frente. O fato é que conforto e crescimento não coexistem.*

Por tudo isso, posso afirmar que o que faz uma empresa existir por cem anos são as pessoas por trás dela, que lideram e vivem constantes renovações para construir o futuro.

Pense nisso e corra para reinventar hoje sua empresa de amanhã.

PENSAR ANDANDO E PRATICAR APRENDENDO

Quem me acompanha sabe que eu digo e oriento a pôr em prática o que aprendeu, de preferência enquanto aprende, ou seja, durante o período de aprendizado é importante testar como tudo funciona enquanto pode experimentar, errar, refazer e recomeçar.

Não vou entrar no mérito e na polêmica acadêmica sobre teoria *versus* prática simplesmente porque acredito que uma coisa não deve ser dissociada da outra, apesar de ser extremamente crítico com o "método decoreba", com foco apenas no papel do diploma, que ainda temos hoje na educação brasileira.

O fato é, se você é treinado na prática para realizar determinada atividade, você vai conseguir fazer, mas precisa saber por que está fazendo, qual o conceito, qual a base daquilo; se não souber isso, você estará apenas no automático, fazendo o que foi treinado.

Entendeu? A verdadeira segurança em fazer bem-feito e com qualidade vem com o profundo conhecimento agregado à prática.

Por outro lado, o mercado não espera muito o modelo "aprender para depois fazer". Exatamente por isso, sou adepto do fazer enquanto aprende ou aprender enquanto fazemos. Isso, lógico, se a sua profissão e a lei permitirem.

Se quiser produzir, trabalhar ou empreender, ponha em prática o que está aprendendo na teoria; você vai ver que seu diferencial competitivo estará ampliado no curto prazo, além de, é claro, adquirir vivência no ramo e no ritmo de jogo.

Pois bem, apesar de toda a minha experiência prática adquirida, de ter começado a trabalhar muito cedo, ainda me considero um eterno aprendiz.

Sabe por quê? Porque tive que voltar a estudar e entender a base, a teoria e os conceitos de como se fazia cada coisa, dos porquês.

Simplesmente durante muito tempo de minha vida, negligenciei isso, achava que somente a prática e o treinamento eram suficientes para vencer na vida. Não eram!

REINVENTAR PARA SOBREVIVER 9

Hoje compreendo que as duas vezes que me dei mal nos negócios foi por conta dessa postura de deixar em segundo plano o aprendizado teórico e o planejamento.

Achava que sabia de tudo. Foi aí que comecei a entender Sócrates: "Só sei que nada sei". Ou seja, aquele que pensa que sabe tudo na verdade é quem não sabe de nada!

"A teoria na prática é outra coisa." Se experimentar esse ditado popular, convergir de forma proporcional e inteligente esses dois pontos, o resultado será surpreendente!

Com certeza você será um profissional mais eficaz, assertivo e preparado para os desafios da atualidade, atuando com menos custos e menor risco.

É isso: por conta desse entendimento, hoje sou uma pessoa que ouve mais do que fala, lê muito mais do que escreve e aprende mais do que ensina.

Esse é meu ponto de equilíbrio e meus motivos para mostrar porque é importante pensar andando e praticar aprendendo.

COMO PREVER O FUTURO NO MUNDO DOS NEGÓCIOS?

Ah, o futuro! É impressionante como essa palavra se faz presente em nosso vocabulário e em nossos pensamentos no dia a dia. Já se deu conta de como, nos dias atuais, além de tentar prever o que está por vir (esse exercício de imaginar ou idealizar o futuro sempre existiu nas gerações passadas, embora com menor preocupação e intensidade), estamos cada vez mais ansiosos para descobri-lo?

O famoso *spoiler* (que tem origem no verbo *spoil*, que significa estragar em inglês) – que é quando alguma fonte de informação, como um site ou um amigo, revela informações sobre o conteúdo de algum livro ou filme, sem que a pessoa tenha visto – resume bem esse momento: não temos mais paciência nem para esperar o próximo episódio de uma série sem saber algumas coisas que vão acontecer.

E, no mundo dos negócios, como tratar esse conjunto de fatos relacionados a um tempo que há de vir? Apostar na sorte? Criar o próprio destino?

Mas, atenção, é fato que o mundo já mudou, o mercado já mudou. Acostumar com essa mudança, preparar-se e antecipar-se para o que vem pela frente é o que vai fazer e manter você relevante. As únicas coisas que não podem mudar são sua coerência, sua consciência, sua postura e sua ética.

Imaginamos como será o futuro, mas a verdade é que, no mundo dos negócios, ninguém sabe exatamente como serão as empresas nos próximos quinze anos.

Nem mesmo as chamadas digitais de sucesso, como Facebook, Google, Apple, Amazon, sabem com precisão, por isso elas tentam sair na frente e construir esse "futuro". Tudo tem mudado de maneira muito rápida e disruptiva.

As únicas saídas para as empresas acompanharem as mudanças e para se manterem no mercado são:

- Entender a evolução social (das pessoas);
- Tentar inovar (buscando novos processos);
- Seguir praticando o [RE] – REaprendendo, REfletindo, REplanejando e REfazendo.

Tudo ao mesmo tempo e em tempo real. A sociedade contemporânea não para, e deixar seu negócio estacionado no tempo é o primeiro passo para você não se preocupar com o futuro dele, porque ele nem vai existir!

Esse *spoiler* eu já adianto: contar com a sorte e não se preparar estrategicamente para o que está por vir é o roteiro ideal de um filme de terror para quem investiu tempo e dinheiro em um negócio fadado ao fracasso.

Portanto, para "prever o futuro" é importante saber que as "MOEDAS" mais valiosas daqui por diante neste mundo cada vez mais DIGITAL com crescimento EXPONENCIAL serão:

- a ATENÇÃO das pessoas;
- o TEMPO;
- os TOKENS (criados por novas tecnologias);
- o ESCAMBO (troca de mercadorias ou serviços sem fazer uso de moeda);

REINVENTAR PARA SOBREVIVER 9

- a ENERGIA (renovável);
- a ÁGUA (potável).

Mas, atenção, é fato que o mundo já mudou, o mercado já mudou. Acostumar com essa mudança, preparar-se e antecipar-se para o que vem pela frente é o que vai fazer e manter você relevante. As únicas coisas que não podem mudar são sua coerência, sua consciência, sua postura e sua ética.

E o que você tem feito em sua empresa em relação a isso? Está apenas esperando!?

COMO MONTAR UM NEGÓCIO BILIONÁRIO?

10

COMO CONSTRUIR UM UNICÓRNIO?

A realidade hoje no Brasil nos mostra que nossas startups estão mais para cabra-da-montanha do que para unicórnio, termo usado para startups que alcançam a marca de US$ 1 bilhão. Isso porque muitos empreendedores ainda se arriscam em escalar os "paredões" sem ter conhecimento do que estão fazendo ou do que vem pela frente. Este livro, sem dúvida, pode ser interpretado como um guia, é preciso se orientar e saber como funciona antes de se aventurar no ecossistema empreendedor.

O fato é que nem toda cabra é assim ou tem essa coragem; essa espécie desenvolveu habilidades e adaptações especiais nas patas dianteiras e cascos que funcionam como ganchos para agarrar as pedras com mais eficiência e conseguir andar nas paredes inclinadas e rochosas. Apesar disso, a mortalidade entre as cabras jovens é elevada.

Claro que este estilo de vida é bastante arriscado e perigoso, mas dessa forma se afastam da concorrência e de predadores que não se atrevem a persegui-las pelas montanhas, com exceção das águias douradas que atacam pelo alto, agarram as presas e soltam morro abaixo para depois se alimentarem no chão. É incrível a resiliência desse animal, que mesmo diante de tanta dificuldade, continua o esforço para subir e lutar pela sobrevivência.

Certa vez, ouvi uma comparação do Fernando, da Bozano Investimentos, falando sobre as cabras e as startups, e nunca mais deixei de usar essa incrível analogia. De fato, pelas dificuldades, os jovens empreendedores e startups brasileiras parecem mesmo com as cabras-da-montanha na luta pela sobrevivência – desenvolver projetos e se manter no mercado. Muitos não conseguem e "morrem" pelo caminho.

Os melhores empreendedores que conheço são aqueles que se arriscam e conhecem bem as etapas do desenvolvimento de uma startup, inclusive a fase *struggle*. Tem aqueles que são realmente cabras-da-montanha: incomodados que desenvolvem habilidades, novas competências, anticorpos e fazem adaptações para subirem em locais que poucos conseguem alcançar. Sabem dos sacrifícios, mas, mesmo assim, enfrentam qualquer obstáculo com persistência e sem desanimar, para chegar aonde desejam.

As startups lidam diariamente com desafios, dissabores e inconstâncias que precisam ser superadas, administradas e melhoradas constantemente. Trabalhar com os extremos é uma maneira de expor a startup, que tanto pode dar muito errado como pode gerar, na sequência, resultados grandiosos e exponenciais. Essa é a grande diferença se comparada a uma empresa comum.

Muitos investidores buscam somente por unicórnios, mas, no Brasil, nós da Bossa Nova Investimentos procuramos primeiro pelas startups que fazem adaptação nos "cascos" e conseguem, sem medo, escalar os penhascos da vida. No nordeste, esse tipo de pessoa é conhecida como "cabra-da-peste", que significa o homem sertanejo valente, destemido, corajoso e batalhador. Ou seja, um indivíduo forte, que sobrevive em meio a tanta adversidade.

E aí, você é uma cabra-da-montanha ou uma comum?

Seu objetivo como uma startup é criar algo que seus usuários vejam como indispensável. Quando você conseguir isso, aí você vai precisar pensar em como ter mais usuários. Mas essa primeira parte é crucial – pense sobre as empresas que são bem-sucedidas hoje. Todas elas começam com produtos que seus primeiros usuários amaram tanto que eles começaram a contar para os amigos.

O cemitério das startups está lotado de empreendedores que pensaram que poderiam pular essa etapa. É muito melhor começar com um produto que um número pequeno de pessoas amam do que com um produto que um número grande de pessoas gostam.

COMO MONTAR UM NEGÓCIO BILIONÁRIO? 10

A ideia

É preciso buscar respostas claras e concisas. Isso serve tanto para avaliar o fundador como a ideia em si. Como um empreendedor, é importante que você seja capaz de pensar e se comunicar claramente – você vai precisar disso para recrutar pessoas, conseguir investimentos, vender etc. As ideias precisam ser claras para poderem se espalhar, e ideias complexas em geral são um sinal de pensamento confuso ou de um problema criado. Se uma ideia não animar, pelo menos algumas pessoas, logo de cara, ela é ruim.

Existem dois jeitos de testar uma ideia. Você pode tentar lançar e ver o que acontece, ou você pode tentar vender antes (por exemplo, tente conseguir uma carta de intenção de compra antes de escrever uma linha de código de programação). O primeiro modelo costuma funcionar melhor para ideias voltadas ao público em geral (os usuários podem lhe dizer que vão usar seu produto quando na prática isso não vai acontecer), já o segundo modelo funciona melhor para ideias voltadas para empresas (se uma companhia lhe disser que vai comprar alguma coisa, construa isso). É importante deixar a ideia se desenvolver conforme você vai pegando a opinião dos usuários. Também é fundamental que você conheça seus usuários muito bem – você vai precisar disso para avaliar uma ideia, construir um grande produto e uma grande companhia.

Como mencionei anteriormente, as startups têm um caminho longo a percorrer. Elas levam muito tempo e demandam um esforço intenso e consistente. Os fundadores e os empregados devem compartilhar o senso de missão que os sustenta. É por isso que perguntamos para os fundadores por que eles decidiram começar essa empresa em particular.

Por último, o mercado. Qual o tamanho dele hoje, quão rápido ele está crescendo e por que ele vai ser grande em dez anos? E se você não tiver uma ideia e mesmo assim quiser montar uma startup, talvez você não devesse. É muito melhor quando a ideia vem primeiro e a startup se torna a consequência de trazer essa ideia para o mundo.

Um grande time

Times medíocres não constroem grandes empresas. Uma das coisas que os investidores mais olham é a força dos fundadores. O que faz um grande fundador? As características mais importantes são aquelas como determinação, que nunca param e que são formidáveis e desenvoltas. Inteligência e paixão também estão bem ranqueadas. Essas são muito mais importantes que experiência e conhecimento na linguagem X ou no sistema Y.

Os fundadores mais bem-sucedidos são o tipo de pessoa que trabalha com pouco estresse, porque sentimos que ela vai conseguir fazer, não importa o que seja. Algumas vezes é possível atingir o objetivo apenas com a força de vontade.

Bons fundadores têm alguns traços que podem parecer contraditórios. Um exemplo importante é rigidez e flexibilidade. Você quer ter uma crença forte sobre o essencial de sua companhia e sua missão, e ainda assim quer ser muito flexível e estar disposto a aprender coisas novas a respeito de praticamente todo o resto.

Os melhores fundadores respondem rápido. Isso é um indicador da capacidade de decisão, foco, intensidade e habilidade de fazer o que precisa ser feito.

Fundadores com quem é difícil conversar são ruins. Comunicação é uma habilidade muito importante para os fundadores – de fato, acho que essa é a habilidade pouco discutida mais importante.

Pense nesses critérios quando você estiver escolhendo seu cofundador – essa é uma das principais decisões que você vai tomar, e ela é feita de maneira bem aleatória. Você quer alguém que você conheça bem, não que acabou de conhecer em um lugar de encontros de cofundadores. Você pode avaliar qualquer um com quem decide trabalhar com mais dados – e você não vai querer errar nessa parte. Lembre-se de que em algum momento o valor esperado de sua startup pode chegar abaixo do eixo X. Se você tiver um relacionamento prévio com seu cofundador, nenhum dos dois vai querer deixar o outro para baixo, e vocês seguirão o caminho. Brigas entre cofundadores é uma das principais causas de morte prematura em startups, e nós vemos isso acontecer com frequência, em especial nos casos em que os cofundadores se juntaram apenas com o objetivo de começar a companhia.

COMO MONTAR UM NEGÓCIO BILIONÁRIO? | 10

Um grande produto

Aqui está o segredo do sucesso: tenha um grande produto. Essa é a única coisa que todas as grandes empresas têm em comum. Se você não construir um produto que seus usuários amam, você vai eventualmente falhar. Mesmo assim os fundadores buscam truques, e as startups são a fase de sua vida em que esses truques deixam de funcionar.

Ter um grande produto é a única maneira de crescer no longo prazo. Sua empresa vai ficar tão grande que todos os atalhos do crescimento deixam de funcionar, e você vai ter que crescer pelo fato de ter mais pessoas querendo seu produto. Essa é a principal coisa que podemos aprender com empresas extremamente bem-sucedidas. Não tem outro jeito. Pense em todas as empresas de tecnologia – todas fazem isso.

Você quer construir um "motor de melhoria do produto" dentro de sua empresa. Você deve conversar com seus usuários e observá-los quando usam o produto, perceber quais partes não estão otimizadas e melhorar o produto. Aí, fazer isso de novo. Esse ciclo deve ser o foco número um de sua empresa, e ele deve dirigir todo o resto. Se você melhorar seu produto 5% toda semana, ele vai de fato compor.

Quanto mais rápido você repetir esse ciclo, melhor sua empresa vai se tornar. Para fazer esse ciclo direito, você deve estar bem próximo de seus usuários. Observe-os usando seu produto. Sente no escritório deles, se puder. Valorize tanto o que eles falam quanto como agem. Você não deve colocar ninguém entre os fundadores e os usuários pelo maior tempo possível – isso significa que os fundadores precisam fazer vendas, atendimento ao cliente etc.

Algumas das perguntas comuns que fazemos para as startups que estão enfrentando problemas são: seus usuários estão usando seu produto mais de uma

Aqui está o segredo do sucesso: tenha um grande produto. Essa é a única coisa que todas as grandes empresas têm em comum. Se você não construir um produto que seus usuários amam, você vai eventualmente falhar. Mesmo assim os fundadores buscam truques, e as startups são a fase de sua vida em que esses truques deixam de funcionar.

vez? Seus usuários estão fanáticos por seu produto? Seus usuários vão ficar chateados se sua empresa quebrar? Seus usuários estão recomendando seu produto para outras pessoas sem que você peça? Se sua empresa atua em B2B, você tem pelo menos dez clientes pagantes?

Se isso não estiver acontecendo, o problema é de base, construa um produto melhor. Costumo ser cético quanto às desculpas que costumam ser dadas sobre por que uma empresa não está crescendo — normalmente a razão real é que o produto não é bom o suficiente.

Os melhores fundadores parecem se preocupar demais com a qualidade do produto, mesmo para os detalhes que parecem sem importância. E parece que isso funciona. Aliás, por "produto" entenda todas as interações que os usuários têm com a empresa. Você precisa oferecer um grande suporte, interações de vendas etc. Lembre-se: se você não criou um grande produto, nada poderá salvá-lo.

Grande execução

Apesar de ser necessário construir um grande produto, você não terminou depois disso. Você ainda precisa transformá-lo em uma grande empresa e tem que fazer isso você mesmo — a fantasia de contratar um "administrador experiente" para fazer todo esse trabalho não passa de uma ilusão. Um empreendedor que está à frente de um negócio não pode terceirizar seu trabalho por um tempo prolongado.

Outro ponto que pode parecer óbvio: você precisa ganhar dinheiro. Então, esse é um bom momento para pensar em como isso vai funcionar. A única descrição de cargo universal para um CEO é garantir que a empresa seja vencedora. Você pode fazer isso como fundador, mesmo que tenha um monte de defeitos que o desqualifiquem como CEO, desde que contrate as pessoas certas que o complementem e as deixe fazer o trabalho delas.

Execução – Crescimento

Crescimento e ímpeto são a chave para uma grande execução. O crescimento (desde que não seja baseado em vender uma nota de 1 real por 99 centavos)

COMO MONTAR UM NEGÓCIO BILIONÁRIO? 10

resolve todos os problemas, e a falta de crescimento não pode ser solucionada por nada que não seja crescimento. Se você está crescendo, o sentimento é de que você está ganhando, e todo mundo fica feliz. Se você está crescendo, surgem novas tarefas e responsabilidade o tempo todo, e as pessoas sentem que a própria carreira está avançando. Se você não está crescendo, o sentimento é que você está perdendo, as pessoas ficam insatisfeitas e vão embora. Se você não está crescendo, as pessoas brigam em torno de culpas e responsabilidades.

Fundadores e funcionários estafados quase sempre estão trabalhando em startups que perderam o ímpeto. É difícil mensurar quanto isso é desmoralizante. O foco principal para uma grande execução é "nunca perca o ímpeto". Mas como conseguir isso?

A maneira mais importante é tornar isso sua prioridade. A empresa faz aquilo que o CEO mede. É de grande valia possuir uma única medida que a companhia busca otimizar, e vale a pena gastar tempo decidindo que medida é essa. Se você se importa com o crescimento, coloque o sarrafo de execução ali, e o restante da companhia vai focar nisso. Alguns exemplos:

- Os fundadores do Airbnb desenhavam um gráfico de projeção de crescimento que queriam atingir e colocavam esse gráfico em todos os lugares — na geladeira, nas mesas, no espelho do banheiro. Se atingissem aquele número na semana, ótimo, senão, era só sobre aquilo que eles conversavam;
- Mark Zuckerberg uma vez disse que uma das principais inovações do Facebook foi ter criado um grupo de crescimento quando o crescimento da empresa desacelerou. Esse grupo era (e talvez ainda seja) um dos mais prestigiados da empresa — e todo mundo sabia quão importante ele era.

Mantenha uma lista do que está bloqueando o crescimento. Analise enquanto empresa como poderia crescer mais rápido. Se você sabe quais são os limitantes, poderá pensar em como superá-los.

Para cada coisa que você fizer, pense consigo mesmo: "Essa é a melhor maneira de otimizar o crescimento?". Por exemplo, ir a uma conferência não é a melhor maneira de otimizar o crescimento, a não ser que você pretenda vender muito nela.

Transparência extrema sobre as métricas (e as finanças) é uma coisa boa a ser feita. Por alguma razão, os fundadores costumam ter medo disso. Mas é ótimo para manter toda a empresa focada em crescimento. Parece haver uma correlação entre quão focados nas métricas os funcionários de uma empresa estão e quão bem eles estão se saindo. Se você esconde as métricas, é difícil para as pessoas focarem nelas.

Falando em métricas, não se engane criando métricas para sua vaidade, como mencionado anteriormente. Um erro comum é focar em aquisição e ignorar a retenção. Pois a retenção é tão importante para o crescimento quanto a aquisição de novos usuários.

Você deve colocar objetivos agressivos, mas atingíveis e revisar o progresso a cada mês. Celebre as vitórias! Converse internamente a respeito da estratégia o tempo todo, conte a todo mundo o que você está ouvindo dos clientes etc. Quanto mais informações você dividir – as boas e as ruins –, melhor você ficará.

Execução – Foco e Intensidade

Se eu tivesse que resumir meus conselhos sobre como operar em apenas duas palavras, pensaria em foco e intensidade. Essas palavras parecem se aplicar bem para os melhores fundadores que eu conheço. Eles são focados em seu produto e no crescimento. Eles não tentam fazer de tudo, na verdade eles dizem muitos "nãos" (isso é difícil porque o tipo de gente que começa uma empresa é o tipo de pessoa que gosta de iniciar coisas novas). Geralmente mantém o foco e eles colocam muita intensidade em tudo o que fazem.

Enquanto os grandes fundadores não fazem vários grandes projetos, eles colocam muita intensidade em tudo o que fazem. E conseguem fazer as coisas com bastante rapidez. Eles são decididos, o que é difícil quando você está tocando uma startup – você vai receber muitos conselhos conflitantes, primeiro porque existem várias maneiras de fazer as coisas e segundo porque tem muito conselho ruim por aí. Grandes fundadores ouvem todos os conselhos e tomam as próprias decisões.

Note, por favor, que isso não significa fazer tudo intensamente. É muito complicado ser obcecado com a qualidade do produto e avançar. Mas é um dos principais sinais de um grande fundador. Eu nunca, nem uma vez, vi um fundador que se movimenta devagar ser bem-sucedido.

Você não é diferente de outras startups. Você ainda precisa se manter focado e avançar. Companhias que constroem foguetes e reatores nucleares também conseguem fazer isso. Todas as empresas que estão fracassando têm uma desculpa para explicar por que são diferentes e não estão se movendo. Quando você encontrar algo que funcione, continue avançando. Não se distraia e faça algo diferente. Continue com o pé no acelerador.

Não se prenda a um sucesso inicial – você não teve um bom começo por ter ido a vários eventos e se apresentado em vários painéis. Fundadores de startups que têm um sucesso inicial possuem dois caminhos a escolher: continuar como estava fazendo ou começar a gastar muito tempo pensando na marca pessoal e desfrutando do status de ser um fundador.

É duro recusar convites para dar palestras ou entrevistas – a gente se sente bem, e é difícil ver outros fundadores que estão trabalhando no mesmo campo que você ganharem atenção. Mas isso não vai durar muito. A imprensa descobre quem está de fato ganhando, e se sua empresa for um sucesso você vai ter muito mais atenção do que desejou algum dia. Os casos extremos – de fundadores iniciais que fazem sua publicidade própria – que você pode achar que só existem na TV existem também na vida real, e eles normalmente fracassam.

Execução – As Tarefas do CEO

Já mencionei que a única regra universal para a descrição de cargo de um CEO é ter certeza de que a empresa vai ser vencedora. Apesar de isso ser verdade, eu gostaria de falar um pouco mais sobre como um ou uma CEO deve gastar seu tempo. O CEO precisa:

- Estabelecer a visão e a estratégia para a empresa;
- Evangelizar a empresa para todo mundo;
- Contratar e gerenciar o time em áreas que ele próprio tenha falhas;

- Ficar no modo Fundraing On: levantar dinheiro e garantir que a empresa não vai ficar sem caixa;
- Colocar a alma na qualidade da execução.

Uma startup de sucesso leva muito tempo — com certeza bem mais que a maioria dos fundadores espera. Você não pode tomar como se fosse uma tarefa de uma noite. Você precisa comer e dormir bem e fazer exercícios. Você precisa passar tempo com a família e os amigos. Você também precisa trabalhar em uma área pela qual você é apaixonado — nada além disso vai sustentá-lo por dez anos.

Seja otimista. Apesar de que é possível que exista um grande CEO pessimista por aí, ainda não me encontrei com ele. A crença de que o futuro será melhor e que sua empresa terá um papel importante nesse futuro é importante para um CEO e vai contaminar o resto da empresa. Isso é fácil na teoria e difícil no momento em que você precisa enfrentar as dificuldades de curto prazo. Não abandone sua visão de longo prazo e acredite que os desafios de curto prazo um dia serão esquecidos e substituídos pelas memórias do progresso ano a ano.

Entre seus principais trabalhos estão a definição da missão e dos valores. Isso pode parecer um pouco piegas, mas é bom fazer logo no início. Tudo o que você estabelecer no começo ainda terá força anos depois, e, conforme você cresce, cada nova pessoa precisa primeiro comprar a missão e os valores da empresa e depois ser capaz de vendê-los para os outros. Então coloque cedo no papel sua missão e seus valores.

Outro clichê que acho que vale a pena ser repetido: construir uma empresa se parece um pouco com construir uma religião. Se as pessoas não conectam as atividades que estão fazendo com um propósito maior com o qual se importem, elas não farão um grande trabalho.

Um dos erros que os CEOs fazem é inovar em áreas já bem pavimentadas do negócio em vez de criar novos produtos e soluções. Por exemplo, muitos fundadores gastam o tempo deles buscando novas maneiras de fazer RH, marketing, vendas, finanças, relações públicas etc. Isso é quase sempre ruim.

COMO MONTAR UM NEGÓCIO BILIONÁRIO? 10

Faça aquilo que funciona em áreas bem estabelecidas e concentre sua energia criativa no produto ou no serviço que você está construindo.

Execução – Contratando e Gerenciando

Contratar é um dos trabalhos mais importantes e a chave para construir uma grande empresa (em oposição a um grande produto). Meu primeiro conselho a respeito de contratação é: não faça. Existem coisas que você pode dizer para seus cofundadores que você não pode dizer se tem funcionários na sala. Funcionários também acrescentam inércia – vai ficando mais difícil mudar a rota com mais pessoas no time. Resista à tentação de avaliar seu valor pessoal a partir de seu número de empregados.

As melhores pessoas têm muitas oportunidades. Se você não tem nada é difícil contratá-las. Assim que você estiver vencendo, elas vão querer se juntar a você. Quando você está em modo recrutar (isto é, desde que você consiga uma boa adesão entre o produto e o mercado até a infinidade), você deve gastar cerca de 25% de seu tempo com isso. Pelo menos um fundador, não o CEO, deve gastar uma boa parcela do tempo recrutando, mas na prática quase nenhum, além dos melhores, faz isso. Deve ter alguma coisa aí.

Não abra mão da qualidade das pessoas que você contrata. Todo mundo sabe disso e todo mundo abre mão disso em algum momento quando surge uma necessidade desesperada. Todo mundo se arrepende depois e algumas vezes quase leva a empresa à morte. Pessoas boas e ruins são contaminantes, e se você começa com pessoas medíocres a tendência continua; os que começam contratando funcionários medíocres quase nunca se recuperam. Confie em seus instintos a respeito das pessoas. Se você está em dúvida, então a resposta é não. Não contrate pessoas negativas. Elas não servem para as startups que estão começando – o resto do mundo estará prevendo sua morte todos os dias, e a empresa precisa estar unida para acreditar no contrário.

Valorize aptidão acima de experiência para todas as tarefas. Busque inteligência bruta e histórico de fazer as coisas acontecerem. Busque pessoas de que você goste – vocês vão passar muito tempo juntos e frequentemente em situações tensas. Para as pessoas que você não conhece bem, tente trabalhar em um projeto juntos primeiro antes de elas começarem em tempo integral.

Execução - Concorrência

Uma palavra rápida a respeito da concorrência: concorrência são as histórias de fantasma das startups. Fundadores de primeira viagem acreditam que a concorrência mata 99% das startups. Mas 99% das startups morrem por suicídio, não por homicídio. Preocupe-se então com seus problemas internos. Se você fracassar, provavelmente o motivo foi porque você falhou em criar um grande produto ou em criar uma grande empresa. Em 99% do tempo você deve ignorar a concorrência. Ignore se levantou muito investimento ou fez muito barulho na imprensa. Não se preocupe com a concorrência até que ela esteja superando você com um produto real, pronto e enviado. Nas palavras de Henry Ford, "a concorrência a ser temida é aquela que não está nem aí para você, mas vai lá e faz seu negócio melhor o tempo inteiro".

Todas as empresas gigantes já enfrentaram ameaças de concorrentes piores que você está enfrentando agora quando eram menores e se saíram bem. Sempre é possível um contra-ataque.

Execução - Ganhando Dinheiro

Ah, sim, ganhar dinheiro. Você precisa descobrir como vai fazer isso. A versão curta disso é que você precisa arrumar pessoas que vão lhe pagar mais do que custa para você entregar seu bem ou seu serviço. Por alguma razão, as pessoas sempre se esquecem de colocar na conta quanto custa para entregar.

Se você tem um produto grátis, não planeje seu crescimento com base na compra de usuários. Isso é muito difícil para negócios sustentados por anúncios. Você precisa fazer alguma coisa que as pessoas compartilhem com os amigos.

Acompanhe seu fluxo de caixa obstinadamente. Pode parecer inacreditável, mas nós temos visto fundadores ficarem sem dinheiro um número grande de vezes sem saber disso.

COMO MONTAR UM NEGÓCIO BILIONÁRIO?

Boas ideias nascem e morrem o tempo todo, assim como os negócios em diferentes estágios. A mensagem que deixo aqui é que a diferença está na execução. Todo mundo quer transformar uma "ideia" em um "sucesso", mas poucos realmente descobriram como fazer isso.

Então tudo o que você precisa é de uma grande ideia, uma grande equipe, um grande produto e uma grande execução. Tão fácil! Brincadeiras à parte, se você aplicar tudo o que foi elencado, há grandes possibilidades de conseguir aumentar as chances de dar certo e quem sabe se tornar o próximo unicórnio/case de sucesso a ser citado nos livros.

EMPREENDER: O SONHO

O empreendedorismo sempre vem acompanhado de sonhos. Estes são relacionados a agregar coisas boas para o mundo e ao mesmo tempo fazer dinheiro com o que ama — unindo o útil ao agradável. Entretanto, como tudo na vida, existe um lado menos colorido nesse processo.

Para comandar uma empresa, é preciso estar preparado para lidar com obstáculos e mudanças de direção ao longo do caminho. Um CEO precisa estar apto a enfrentar "A Luta", que é o que acontece quando os sonhos e a realidade se chocam. É algo inevitável tanto em uma empresa grande quanto em uma pequena.

Seja uma crise financeira ou política, que influencia muito nos negócios, seja algo em menor escala, como uma contratação ruim, seja perder um grande cliente: o peso que "A Luta" traz pode afetar a vida inteira desse CEO, desde seu psicológico, passando pelo bem-estar físico, suas decisões e seus relacionamentos na esfera particular. É uma situação inevitável que causa muito estresse e cansaço.

Definitivamente, um CEO é responsável por tudo o que acontece com a empresa — pode ser algo bom ou ruim. A pessoa deve estar preparada para encarar os mais diversos desafios, sempre tentando negociar para que não haja grandes prejuízos.

Um bom CEO reconhece que pode ser ajudado, pensa fora da caixa e mantém o foco no que é importante para a empresa. Já sabemos que "A Luta" existe e que teremos que enfrentá-la. Mas como?

Por meio de três palavras-chave: colaboração, criatividade e foco. A primeira é simples: não carregue todo o peso dos problemas em seus ombros. Apesar de você ser o maior responsável pela empresa, não chegará a lugar nenhum sozinho. Saiba quando pedir ajuda e em quais pessoas confiar. Afinal, você não construiu a empresa sozinho, certo? Você contratou as pessoas certas para cada área e cargo. Saiba que você pode, sim, depender delas nas questões difíceis.

Já a criatividade é essencial para que você consiga enxergar uma luz no fim do túnel (que não será o trem!). A terceira e última palavra-chave para enfrentar "A Luta" é o foco. Pode parecer um caminho muito solitário e desmotivador, mas tenha em mente que existe um propósito maior. Foque em resolver essa questão, tendo uma atitude positiva, em vez de pensar apenas no que está dando errado. Dessa forma, o processo ficará mais fácil e claro, além de inspirar a colaboração dos que estão à sua volta.

Divida os problemas entre quem sabe cuidar deles e resolva as questões em sua empresa muito mais rápido. Ainda sobre o exemplo do tópico anterior, o fato de ter sido honesto com seus funcionários foi crucial para que conseguisse apoio e salvasse sua empresa. Caso não tivesse dito nada e mantido o problema apenas entre o corpo diretivo, os efeitos teriam sido muito piores.

Sabemos que más notícias se espalham muito rápido, não adianta tentar maquiá-las. Da mesma forma, escondê-las só torna pior o momento de revelação: todos serão pegos desprevenidos. Seus funcionários, além de terem que lidar com aquela questão de uma hora para outra, ainda se sentirão mal por nunca terem sido alertados. Sobretudo se for algo que eles poderiam ter ajudado e se envolvido desde o início. Três palavras: "ilusão da positividade". É achar que seus funcionários não conseguirão lidar com más notícias, que só podem ficar sabendo quando tudo estiver correndo bem. Na realidade, o processo é inverso: os funcionários lidam melhor do que o próprio presidente.

Isso acontece porque é ele quem sempre é culpado quando uma crise acontece. Já para os funcionários, a ideia de responsabilidade é muito menor, tornando menos devastador o efeito de uma eventual tragédia. Saiba como se posicionar diante de um corte de funcionários, sendo sincero e positivo com sua equipe.

É importantíssimo, também, deixar claro que aquele corte só aconteceu porque não havia outra saída. Ou seja, a empresa falhou em seu compromisso com aqueles funcionários.

Admitir essa falha tem dois importantes efeitos. O primeiro é na confiança que a equipe tem em você, e o segundo é que seguir em frente se tornará mais fácil. Se você precisa demitir pessoas porque as metas não estão sendo batidas, não justifique o corte com base na necessidade da empresa de recontratar pessoas com melhores performances. Ao contrário, diga que a empresa falhou em atingir as metas, portanto, infelizmente, alguns dos melhores funcionários terão que partir.

Tenha tato e consideração ao demitir um alto executivo, visto que isso terá impacto direto no restante da equipe. E para demitir um executivo? Nos momentos mais complicados, apenas mandar embora os funcionários não resolve. O problema chega na direção da empresa e pode ser que a demissão de alguém do corpo diretivo seja necessária.

Bons funcionários precisam ser mais valorizados que o próprio lucro em si. Para ter certeza de que você está no caminho certo, o primeiro passo é contar com uma boa equipe de RH. Como seu foco está em outras áreas da empresa, é esse departamento que lhe dará detalhes sobre o andamento de sua equipe.

São dois os problemas mais comuns: incompatibilidade de ritmo ou de habilidades.

O primeiro é quando o executivo veio de grandes empresas, nas quais ele estava acostumado a receber todos os projetos já "mastigados", tendo apenas que lidar da melhor forma. Ele, inclusive, é acostumado a receber dezenas de tarefas todos os dias. Quando ele vem de pequenas empresas, por não estar acostumado a lidar com tantas obrigações, ele descobre que ainda não está à altura de tamanha grandeza e complexidade. Evitar política e deixar expectativas e remunerações bem claras são pontos essenciais para ter funcionários motivados.

Depois de fazer as contratações da maneira certa, é hora de olhar para dentro. O que faz uma empresa ser boa? O que motiva os funcionários a irem felizes para o trabalho?

O segundo ponto importante para tornar sua empresa um ótimo lugar para se trabalhar é criar uma cultura que a diferencie dos concorrentes. A Amazon teve uma ótima atitude, que foi colocar seus funcionários para trabalhar em mesas feitas de portas antigas. Isso porque eles queriam provar que fariam de tudo, literalmente, para não cobrar tão caro de seus clientes.

Por último, deixe claro aos seus funcionários o que é esperado deles e como seus desempenhos são avaliados. Uma hierarquia e cargos bem definidos são essenciais para isso. "Vice-Presidente" e "Gerente" não podem ser confundidos de maneira alguma.

A hierarquia permite que as pessoas entendam quão importante é seu trabalho, o que alguém naquela posição faz e também quanto deveria ganhar. Os maiores CEOs partilham das mesmas características, que são visão de negócio, honestidade e liderança.

Saber o que é necessário para se tornar um CEO de sucesso é algo que interessa a muitas pessoas. Por saber que é algo difícil de atingir, muitas recorrem a biografias para se espelharem. É esse mistério que vamos investigar nos próximos parágrafos. Na verdade, são apenas dois pontos importantes: encontrar o caminho certo para sua empresa e conseguir influenciar as pessoas para que o sigam. Convencê-las a ajudá-lo em sua missão pede três habilidades-chave: saber articular sua visão de negócio, ser autêntico e inspirador e saber liderar as pessoas na execução de seus planos. Vamos exemplificar tais habilidades com base em CEOs de empresas de tecnologia.

O primeiro, claro, é Steve Jobs. Mesmo quando a Apple estava a um passo da falência, ele conseguiu convencer seus funcionários a não desistirem. Ele descreveu um futuro tão promissor que a maioria ficou ao seu lado.

O segundo exemplo é Bill Campbell, CEO de diversas empresas. Ele é tão bom em falar com seus funcionários, é tão genuíno em suas relações, que todos os colaboradores tinham o mesmo senso de responsabilidade perante os resultados da empresa. Eles sentiam que também eram donos.

COMO MONTAR UM NEGÓCIO BILIONÁRIO? **10**

Por último, Andy Grove, presidente da Intel. Ele foi capaz de enxergar além e manteve a empresa no caminho dos microprocessadores. Foi muito tempo e muito dinheiro investido, mas ele sabia que valeria a pena. E estava certo: hoje, a relevância da Intel nesse mercado é indiscutível.

Saiba balancear seus dois perfis, para se tornar um CEO bem-sucedido.

É algo difícil de avaliar, mas com uma abordagem honesta e racional você conseguirá tomar uma decisão.

Eis algumas questões para você refletir:

- Como se tornar um CEO mais bem preparado?
- Como orientar sua empresa nos tempos de "paz" e de "guerra"?
- Como proporcionar um ambiente de trabalho saudável e acolhedor?
- Como lidar com "A Luta" de maneira que não afete o andamento do trabalho?

Por fim, ofereço dois conselhos práticos:

1. Lembre-se de que uma empresa não é formada por apenas uma pessoa – saiba incentivar a colaboração.
2. Esteja atento para reconhecer e remunerar seus funcionários de maneira justa.

CONCLUSÃO:
PERSISTÊNCIA, RESILIÊNCIA, ANTIFRÁGIL E DESISTÊNCIA

EMPREENDER não é para os fracos! Nesse universo não existe espaço para fragilidade. Será mesmo? Antes de tudo somos seres humanos, e isso significa que, sim, vamos sofrer, nos empolgar, decepcionar, comemorar cada conquista e aprender com os erros. Essa definição se aproxima mais com a resiliência, outro conceito que é extremamente utilizado para definir os empreendedores.

A palavra resiliência está cada dia mais comum, mas meu foco aqui é falar de um ponto ainda pouco abordado, o oposto da fragilidade. Como assim? De imediato, responda: qual é o oposto de frágil? Acredito que a maioria das pessoas responderiam: robusto ou resiliente.

Existe o frágil, o robusto e o antifrágil. Quando o frágil sofre um impacto externo, ele se quebra; o robusto resiste aos impactos externos; já o antifrágil, além de resistir ao extremo, melhora quando sofre esse impacto. Note quanto esse conceito é forte! Será que algum empreendedor já se identificou em um momento assim?

O termo antifrágil foi criado por Nassim Taleb, que em seu livro *Antifrágil: coisas que se beneficiam com o caos* (D. Quixote, 2014), basicamente descreveu a realidade ou algo muito próximo do cotidiano de quem decide empreender. Para o autor, o conceito está atrelado a alguma coisa que se beneficiará quando ocorrer algum evento que traga desordem, medo, ameaça, *struggle* (termo que citei no início deste livro) ou algum outro adjetivo que lembre algo como desespero, caos.

O que pode ser e o que pode não ser antifrágil? Note que se trata de um estado específico de uma pessoa, de algo ou até mesmo de uma empresa. E como isso pode ser aprendido? Somos antifrágeis se resistimos aos impactos fulminantes; na verdade, é mais que resistir, é conseguir, inclusive, melhorar após esse advento. Por exemplo, trabalhar com os extremos é uma maneira de expor a empresa, mas isso tanto pode dar muito errado como pode gerar, na sequência, resultados grandiosos.

As startups lidam diariamente com desafios, dissabores e inconstâncias que precisam ser superadas, administradas e melhoradas constantemente. Isso significa então que podemos assumir que as coisas de fato podem ser antifrágeis em sua essência, mas que também podem ser aprendidas por meio de estratégias e estado de consciência.

Como em tudo na vida, é preciso encontrar o equilíbrio. Em minha opinião, nada em extremo faz bem, seja um exercício físico além de sua resistência e seu preparo, seja uma postura radical em sua empresa. Mas saber, entender e se manter antifrágil vai trazer a você preparação para enfrentar qualquer coisa, até mesmo aquela péssima sensação de "fim do túnel" que possivelmente vai surgir pela frente.

Como dizia o eterno Rocky Balboa, a vida não é sobre quanto você bate, mas quanto você aguenta apanhar, sobreviver e ganhar a luta. Os melhores empreendedores não são inquebráveis, são ANTIFRÁGEIS e tentam sempre se beneficiar do CAOS de alguma forma.

Durante muitos anos passei empreendendo meus próprios negócios. Na verdade, eu nunca deixei de ser empreendedor até porque, como diz meu filho Davi Braga, empreender está em nosso DNA. Somente em 2009 comecei a estudar o modelo de investimento-anjo e a investir de modo efetivo nos negócios de outros empreendedores. Usava os recursos gerados por meus outros negócios e frutos de meu trabalho como empreendedor. Assim, comecei, naquele momento, a usar dois chapéus, o de

O que pode ser e o que pode não ser antifrágil? Note que se trata de um estado específico de uma pessoa, de algo ou até mesmo de uma empresa. E como isso pode ser aprendido? Somos antifrágeis se resistimos aos impactos fulminantes; na verdade, é mais que resistir, é conseguir, inclusive, melhorar após esse advento.

CONCLUSÃO

empreendedor e o de investidor. Com o desenvolvimento quase que natural das coisas, fui deixando aos poucos o papel de empreendedor. Nada diferente da história de muitos empreendedores que se tornaram investidores no mundo; aliás, acredito que essa seja a ordem natural das coisas no ecossistema empreendedor.

Nos últimos anos, o cenário brasileiro tem se mostrado cada dia mais favorável e aberto quando se trata de investimento em startups, e o que não faltam são informação e conteúdo útil sobre o assunto, incluindo-se aí diversos casos de sucesso e também muitos outros de insucesso que servem de base e aprendizado. Outro fator que tem contribuído imensamente para o desenvolvimento desse setor é o fato de que os empreendedores/investidores já perceberam que não é necessário ter muito dinheiro, acumular riquezas ou muitas reservas para apostar em negócios interessantes.

O empreendedor já pode experimentar os sabores e os dissabores do investimento, e com isso vai aprendendo a se relacionar de outra forma com outros investidores. Estamos vivendo o que eu chamo de democratização do investimento-anjo no Brasil. O que antes era restrito a poucos investidores qualificados, hoje é uma modalidade na qual diversos iniciantes estão. Até os investidores mais experientes estão usando com frequência essa ferramenta para diversificar o portfólio e a carteira de investimentos.

Existem muitas startups despontando, gerando caixa e aparecendo com seus serviços e seus produtos, com negócios que estão mudando definitivamente o *mindset* das pessoas e do mercado. E essas, lá na frente, podem ser vendidas ou pagar dividendos muito maiores que qualquer investimento tradicional. No entanto, atenção: estamos falando de investimento de risco, nunca se esqueça disso!

Ao longo dos anos e com a própria experiência adquirida, entre erros e acertos, é possível elaborar e aplicar técnicas de investimento que de maneira geral são capazes de direcionar seus investimentos e, sobretudo, minimizar as chances de perda. Listei alguns pontos que podem ajudar os empreendedores/investidores a entender como tudo isso funciona na lógica e na perspectiva do investidor:

- Investir apenas em uma ideia não é mais barato (nem mais seguro);
- Não espere que o retorno do investimento aconteça no prazo médio de dois anos, geralmente leva mais tempo;

- Um contrato amarrado com a startup não significa que você estará livre de problemas judiciais futuros;
- Seja criterioso e realista, não existem centenas de ótimos projetos à nossa disposição todos os dias;
- Não se iluda acreditando que a startup vai saber vender e faturar sozinha e que o mercado é enorme e promissor;
- Outro equívoco comum é achar que, quanto menos sócios-investidores no projeto, melhor;
- O empreendedor vai querer mais que sua mentoria;
- Infelizmente, uma startup acelerada não significa necessariamente que o risco seja menor;
- Não ache que se você não tiver o dinheiro na hora do aporte os sócios entenderão; negócio é negócio;
- Você, sem dúvida, vai precisar de assessoria jurídica especializada no começo.

Eu sei que de problema todo mundo está correndo léguas de distância! Entretanto, o bom empreendedor procura de forma incansável por eles para enfrentá-los e resolvê-los. Mais que isso, APAIXONA-SE por eles. Apaixonar-se pelo problema que conseguiu resolver, e não pela solução que criou, é o caminho para ser bem-sucedido no mercado. Boas ideias e negócios de sucesso só se tornam de fato reconhecidos como tal quando seu fundamento é resolver um problema. Até aí, tudo bem; contudo, no meio do caminho, muitos empreendedores acabam se entusiasmando e focando no aplicativo que criou, no produto ou no serviço que oferece, e esquece de se preocupar com o principal. O problema é seu propósito, e não se deve perder isso de vista.

Seguindo essa linha de raciocínio, é preciso, ainda, além de não perder o foco, entender o propósito e trabalhar pela causa, não pelo efeito dela. Outro ponto importante é buscar a inovação constante. O erro enorme que eu vejo empreendedores cometerem é achar que só precisam se preocupar com inovação quando tira sua ideia do papel. Medir o grau de inovação é uma das tarefas mais difíceis que existem. Há uma grande diferença entre você, como

CONCLUSÃO

empreendedor, julgar sua ideia incrível e revolucionária e o que de fato ela é, ou seja, a perspectiva e a forma como os outros e o mercado a enxergam.

É completamente compreensível e natural que o empreendedor seja o maior entusiasta da própria ideia. No entanto, é preciso ter os pés no chão para não deixar que a empolgação atrapalhe e impeça de ver a real situação. A dica é: apresente soluções para problemas específicos. Durante qualquer etapa de seu negócio é fundamental (senão vital) avaliar as verdadeiras fraquezas e potenciais melhorias. Por isso, validar o negócio e conseguir clientes e investidores são tão importantes.

A inovação precisa fazer parte de qualquer negócio, em especial das startups que são empresas jovens, escaláveis e com alto potencial de crescimento, e ela pode estar numa tecnologia, num produto ou num serviço. Em resumo, pode vir de qualquer lugar, o importante é estar aberto a ela e criar as condições necessárias para que as ações inovadoras alcancem seu objetivo final dentro do negócio.

De maneira bastante objetiva, uma empresa/um negócio de sucesso é uma combinação de ideia inovadora que resolva o problema das pessoas, de uma vertical, da sociedade, ou seja, de um segmento ou um nicho de mercado específico. Ser um excelente empreendedor (aberto e disposto), ter ótima execução de estratégia de mercado, disponibilidade de capital, muito esforço e trabalho e, digamos, uma pitada de sorte. A indústria em todas as verticais está ávida por inovação e necessita de boas ideias, produtos e serviços que possam ajudar na sobrevivência, na competição, nas vendas, na gestão e, é claro, que ofereçam mais que o mercado está acostumado a receber. É nesse sentido que os investidores escolhem os projetos para investir.

Portanto, apaixone-se pela causa e por seu propósito que sua solução inovadora resolve. Todos vão terminar reconhecendo isso! Se você seguir as dicas e ficar atento às informações que este livro contém, com toda a certeza terá grandes chances de conseguir o SMART MONEY para seu negócio. Mãos à obra, conte sempre comigo e bom trabalho!

Esse livro foi impresso pela gráfica Bartira em papel pólen bold 70 g em junho de 2023.